信息光学实验教程

罗 元 胡章芳 郑培超 主 编

哈尔滨工业大学出版社

内容提要

本书是信息光学实验指导用书。全书共分为4章：第1章为信息光学实验技术基础，介绍实验基本要求、常用的装置与器件、基本实验技术以及干板处理技术；第2章为基础篇，以信息光学最基本的验证性实验为主，着重基本实验方法的训练；第3章为提高篇，安排的是系列综合性设计实验，着重于巩固知识，训练分析问题、解决问题的能力；第4章为模拟篇，是采用计算机仿真技术进行光信号的电处理，目的是扩大视野、开拓思路，便于进一步理解信息光学是使光学和通信这两个不同的领域在信息学范畴内得到统一的重要概念。

本书可作为光信息相关专业本科生的实验教材，也可作为有关专业的本科生、研究生的参考书。

图书在版编目(CIP)数据

信息光学实验教程/罗元主编——哈尔滨：哈尔滨工业大学出版社，2011.10
ISBN 978-7-5603-3369-4

Ⅰ.①信… Ⅱ.①罗… Ⅲ.①信息光学-实验-高等学校-教材 Ⅳ.①O438-33

中国版本图书馆CIP数据核字(2011)第164771号

责任编辑	王桂芝 刘 威
出版发行	哈尔滨工业大学出版社
社 址	哈尔滨市南岗区复华四道街10号 邮编150006
传 真	0451-86414749
网 址	http://hitpress.hit.edu.cn
印 刷	哈尔滨市石桥印务有限公司
开 本	787mm×1092mm 1/16 印张10.25 字数270千字
版 次	2011年10月第1版 2011年10月第1次印刷
书 号	ISBN 978-7-5603-3369-4
定 价	25.00元

(如因印装质量问题影响阅读，我社负责调换)

前　言

　　信息光学是近代光学发展中新的学科分支,它是在全息术、光学传递函数和激光的基础上,从传统的、经典的波动光学中脱颖而出的。激光的应用使全息术获得了新的生命,全息术和光学传递函数的进一步发展,加上将数学中的傅里叶变换和通信中的线性系统理论引入光学,使光学和通信这两个不同的领域在信息学范畴内得到了统一,光学研究从"空域"走向"频域",这为光学信息处理开辟了广阔的应用前景。近年来,信息光学发展很快,理论体系日趋成熟,应用领域日益增多,成为信息科学的重要分支,得到越来越广泛的应用。

　　本书配合信息光学理论的学习,按照循序渐进的原则,安排了基本技能指导、基础实验和综合设计性实验,并增加了计算机仿真实验的内容,以使学生打牢基础、巩固理论、提升能力、开拓思路,切实提高学生基本实验技能及分析解决问题能力。

　　本书由重庆邮电大学罗元、胡章芳、郑培超共同编写。毛建伟等研究生也参与了本书的编写工作,同时本书的编写得到重庆邮电大学教务处的大力支持,在此一并表示感谢。

　　本书可作为高等学校光信息科学与技术、光电信息工程、光学、光电子技术、光学工程等专业本科生的信息光学实验指导教材,也可根据实际情况选择和搭配实验内容。

编　者
2011.7

目 录

第1章 信息光学实验技术基础 ······ 1
   1.1 信息光学实验基本要求 ······ 1
   1.2 信息光学实验的基本装置及器件 ······ 2
   1.3 信息光学基本实验技术 ······ 25
   1.4 干板处理技术 ······ 31

第2章 基础篇——验证性实验 ······ 37
   实验一 迈克尔逊干涉实验 ······ 37
   实验二 马赫-曾德干涉实验 ······ 39
   实验三 泰伯效应的观察与应用 ······ 41
   实验四 傅里叶频谱的观察和分析 ······ 44
   实验五 卷积定理的演示 ······ 45
   实验六 空间滤波 ······ 47
   实验七 低频全息光栅 ······ 48
   实验八 同轴全息透镜 ······ 52
   实验九 漫反射物体三维的全息照相 ······ 56
   实验十 傅里叶变换全息图 ······ 60
   实验十一 一步彩虹全息图 ······ 63
   实验十二 匹配滤波相关识别 ······ 66
   实验十三 用全息法实现光学图像相减 ······ 70
   实验十四 用双曝光法研究灯泡内气体密度随温度的变化 ······ 72
   实验十五 用激光散斑照相法测定面内横向微小位移 ······ 74
   实验十六 θ 调制空间假彩色编码 ······ 76

第3章 提高篇——设计性综合实验 ······ 80
   实验十七 高频全息光栅 ······ 80
   实验十八 复合光栅 ······ 82
   实验十九 全息存储系统设计与实现 ······ 85
   实验二十 全息阵列透镜的设计与实现 ······ 87
   实验二十一 散斑法图像相加、相减 ······ 91
   实验二十二 散斑法图像微分 ······ 94
   实验二十三 用激光散斑照相法测量物体的形变 ······ 97

实验二十四　光栅滤波实现图像的相加、相减……………………………… 99
　　实验二十五　二步彩虹全息图……………………………………………… 102
　　实验二十六　干涉法进行图像识别………………………………………… 105
　　实验二十七　基于联合变换的光学识别…………………………………… 110
　　实验二十八　基于 LCLV 的实时联合变换光学识别……………………… 113
　　实验二十九　用傅里叶变换全息图做资料存储…………………………… 116

第 4 章　模拟篇——计算机仿真实验……………………………………… 120
　　实验三十　激光光束及其自由传输仿真…………………………………… 121
　　实验三十一　平行光束通过透镜聚焦……………………………………… 124
　　实验三十二　激光高斯光束通过透镜的聚焦……………………………… 128
　　实验三十三　迈克尔逊干涉仿真实验……………………………………… 131
　　实验三十四　光栅衍射……………………………………………………… 134
　　实验三十五　全息透镜的设计……………………………………………… 135
　　实验三十六　傅里叶变换与空间滤波……………………………………… 137
　　实验三十七　图像的增强…………………………………………………… 147
　　实验三十八　图像的代数运算……………………………………………… 149
　　实验三十九　图像的识别…………………………………………………… 152

参考文献………………………………………………………………………… 158

第 1 章　信息光学实验技术基础

1.1　信息光学实验基本要求

一、实验教学基本要求

实验是根据研究目的,运用一定的物质手段,通过干预和控制科研对象而观察和探索科研对象有关规律和机制的一种研究方法,是人们认识自然和进行科学研究的重要手段。信息光学的发展离不开基础理论与实验方法,实验是信息光学发展的策源地和策动力。

按照实验的目的不同,可以把科学实验分为定性实验、定量实验和结构分析实验;根据实验手段(仪器、设备工具等)是否直接作用于被研究对象为标准,实验可分为直接实验和模型实验。无论何种类型的实验,它们都由实验者、实验对象和实验手段三个部分构成,其中实验者是实验活动的主体,因此作为每一位参加实验的学生,一定要牢固树立主体意识,积极投入到实验中去,从中学习和掌握基本的实验技能、实验原理和实验方法,训练自己综合运用知识、独立思考、独立分析和解决问题的能力,同时培养自身知识创新和拓展的能力。

除了必要的理论知识学习之外,实验课程通常分为下面三个阶段。

1. 实验的准备阶段

实验的成功或失败,很大程度上取决于实验的准备阶段。在这一阶段,实验者需要进行 4 项工作,每项工作,都不能离开理论的运用,不能离开逻辑思维活动。

(1)确立实验目的,明确我们为什么而进行实验。

(2)明确指导实验设计的理论。即明确以什么理论来指导实验的设计,启发实验者应采用什么方法并从什么方向上去实现已确立的目的。没有这一步骤,就不能从实验目的过渡到具体的实验设计上去。

(3)着手实验设计。在采取具体实验行动之前,先在思维中以观念形态大致完成这个实验的行动过程,哪些干扰因素应设法排除,哪些次要因素要暂时撇开,这一切都应在实验设计中予以考虑。实验设计的任务,就是为了在实施实验之前,先把这个实验在自己的思维中完成。

(4)实验仪器、设备、材料的准备。明确每一种仪器都是以某种或某些理论为依据而进行设计和制造的,每采用一种仪器,实际上就意味着引进了一些理论。材料的选用也是根据一定的理论进行的。离开了一定的理论和逻辑思维,实验仪器、设备、材料的准备工作就无法进行。

2. 实验的实施阶段

实验的实施阶段就是实验者操作一定的仪器设备使其作用于实验对象,以取得某种实验效应和数据。具体包括实验方案选取、仪器设备的安装与调试、实验现象的观察和数据的记录,实验过程中要及时发现问题、解决问题。这个阶段的活动是对人们已有认识的检验,也是给人们提供认识的新事实。

3. 实验结果的处理阶段

实验结束后,要对实验中获得的数据做进一步的加工、整理,从中提取出科学事实或某种规律性的理论。在分析过程中,要利用统计分析的方法,借助于计算机等手段来从数据之间的因果关系、起源关系、功能关系、结构关系等多角度、多层次地进行处理。实验最后要形成一份详实完整的实验报告,实验报告内容包括实验题目、实验目的、实验原理、实验装置、实验步骤、数据处理、结论和讨论、思考题解答等,目的是培养实验能力和科学总结能力。

二、实验室注意事项

(1)光学仪器大多是精密贵重仪器,必须在清楚了解仪器的使用方法之后才能动手使用仪器。取放仪器时,思想要集中,动作要轻慢,暂时不用的仪器要放回原处,不要随意乱放,以免损坏。

(2)光学元件大多数用玻璃制成,光学表面经过精细抛光,因此在任何时候不能用手触摸光学表面,只能拿光学元件的磨砂面。

(3)不要对着光学元件讲话、打喷嚏和咳嗽,以免对镜面造成污痕。

(4)光学表面的清洁应在擦拭之前了解清楚情况,采用适当的方法进行处理,如光学表面落有灰尘,可以用干净柔软的脱脂毛刷轻轻掸除,或者用洗耳球吹除,严谨用嘴直接去吹。如果表面有污渍,可用脱脂棉球蘸酒精乙醚混合液轻轻擦拭,切忌用布直接擦拭,镀膜的光学表面更要小心处理,避免损坏薄膜表面。

(5)光学仪器的调节件比较精密,动作要稳、慢,切勿调整过头。

(6)实验中使用的激光光源是强光光源,要注意激光的防护。

(7)实验室内要讲究清洁卫生、文明礼貌,不得大声喧哗,不能嬉笑打闹。

(8)实验完毕,要向实验指导教师或实验室工作人员报告实验结果和仪器的使用情况,整理好设备仪器,经允许后方可离开实验室。

1.2 信息光学实验的基本装置及器件

信息光学实验通常是在防震工作台上用各种光学元件构建光路系统,总体说来,信息光学实验系统由工作台、光源、光学元件、机械元件和记录设备与记录介质5部分组成。熟悉并掌握其结构、原理、特性和调试方法,能够有利于实验的正常进行及对实验现象的正确分析和处理。

一、工作台

信息光学的实验通常在防震工作台和光具座上完成。

1. 防震工作台

防震工作台,也称光学隔震平台。在信息光学实验中,不仅需要精确地机械校准,通常还需记录每毫米上千线的干涉条纹,利用高级的光学仪器,甚至有可能研究具有纳米级尺度的现象。例如,现有的相移光学仪能够测量分辨率大约为 1 nm 的表面粗糙度;在半导体集成电路领域,研制亚微米线宽的元件常常需要对其制造过程实施必要的控制并进行精度优于 50 nm 的测量等。因此,信息光学实验要求高,实验精度和光信息记录密度大,要求工作台具有高度的稳定性。在记录过程中,必须尽力避免工作台面的震动,即使有汽车经过、机器开动、流水、人员走动、抽风机等情况,造成的条纹移动量也应小于 1/4 波长,因此信息光学实验必须在防震工作平台上完成,同时为避免防震工作台的固有振动造成的影响,防震工作台需要进行设计,使之固有振动频率降低到 10 Hz 以下。图 1.1 所示为一防震工作台及其等效图。

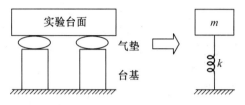

图 1.1 防震工作台及其等效图

设工作台质量为 m,气垫的弹性模量为 k,则防震工作台系统的固有频率 f_0 可表示为

$$f_0 = \frac{1}{2\pi\sqrt{mk}} \tag{1.1}$$

显然 m 和 k 的乘积越大,f_0 就越小。因此,为了获得固有振动频率低的系统,就要求工作台质量大,可以采用厚重的钢板或沙箱加钢板作防震工作台。为了获得良好的减震效果,可以采用气垫等方式。图 1.2 和图 1.3 所示分别为无气垫型和有气垫型防震工作台。

图 1.2 无气垫型防震工作台

图 1.3 有气垫型防震工作台

防震工作台台面上通常还有阵列的标准孔距螺纹孔,便于固定各类调整装置。

防震工作台性能的优劣对实验成败举足轻重,在进行信息光学实验前应对防震工作台的稳定性进行检测,方法是采用迈克尔逊干涉光路来检测工作台的稳定性能。光路如图1.4所示。系统包括激光器、分束镜BS、两个平面反射镜M_1、M_2和一个扩束镜L。布置干涉仪时需注意将两路反射光束调准,使其在进入扩束镜之前能完全重合,并使干涉仪的两臂长相等。当干涉仪校准后,在观察屏上就会形成干涉条纹,条纹的变化情况即表示光学平台的稳定性和隔震效果,条纹越稳定,则防震工作台的稳定性越好。

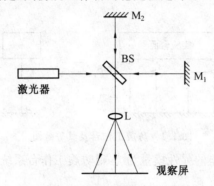

图1.4 迈克尔逊干涉光路

除了一个有效的隔震系统外,光学元件的安装支座选择也很重要,支座单薄会对气流高度敏感,甚至即使在最好的隔震系统下,它们也会使系统的光程发生变化。通常应选用磁性表座,磁性表座的磁性吸引力可达30 kg,使各光学元件牢牢地固定在防震台上。

2. 光具座

光具座一般包括导轨、滑座、各类支架和配件等构成。导轨两侧开有精密燕尾槽,以使滑座能沿导轨平直移动,导轨中央的三角凸棱与燕尾槽平行,便于滑座在导轨上任意位置对准中心;滑座具有紧锁机构,紧固、松开均灵活方便。滑座横向、垂直方向均可自如地大范围调节;各类支架等用于夹持各类光学元件;配件一般包括各类像屏、孔屏等。图1.5所示为光具座。

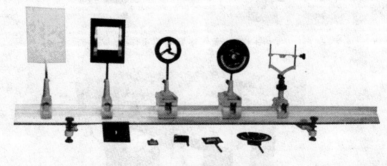

图1.5 光具座

二、光源

信息光学实验离不开光源,光源的正确选择对实验的成败和结果的准确性至关重要。信息光学实验中常用的光源包括:白炽灯、气体放电灯、激光光源,其中激光光源是最常用的。

1. 白炽灯

白炽灯是一种热辐射源。常用的白炽灯灯丝通电加热后，呈白炽状态而发光。灯丝常用钨丝，它熔点高、蒸发率低，可在较高的温度下工作从而有较多的可见光能量辐射，机械强度大。普通白炽灯可作白光光源和照明用，交流或直流供电均可。如需更大的亮度时，一般采用卤钨灯。在钨丝灯泡中加入卤素的用处是减慢因钨蒸发而造成灯泡壳的黑化，从而使钨丝能工作在更高的温度，提高发光的强度和效率。图 1.6 所示为一种卤钨灯。

图 1.6　卤钨灯

2. 气体放电灯

利用灯内气体在两电极间放电发光的原理制成的灯称为气体放电灯。其基本原理是：管内气体原子与被两电极间电场加速的电子发生非弹性碰撞，使气体原子激发，激发态原子返回基态时，多余的能量以光辐射的形式释放出来。实验室中最常用的气体放电灯是钠灯和汞灯，在可见光谱区，它们各自发出较强的特征光谱线。

（1）钠灯

钠灯是蒸气发电灯。灯管内充有金属钠和惰性气体。灯丝通电后，惰性气体电离放电，灯管温度逐渐升高，金属钠气化，然后产生钠蒸气弧光放电，发出较强的钠黄光。钠黄光光谱含有 589.0 nm 和 589.6 nm 两条特征光谱线，实验中常取其平均值 589.3 nm 作为单色光源使用。图 1.7 所示为一种低压钠灯。

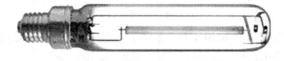

图 1.7　低压钠灯

钠灯具有弧光放电负阻现象。为防止钠光灯发光后电流急剧增加而烧坏灯管，在供电电路中需串入相应的限流器。由于钠是一种难熔金属，一般通电后要十几分钟才能稳定发光。注意：气体放电光源关断后，不能马上重新开启，以免烧断保险丝，并影响灯管寿命。

（2）汞灯

灯管内充有汞及惰性气体，工作原理和钠灯相似。汞灯可按其气压的高低，分为低压汞灯、高压汞灯和超高压汞灯。低压汞灯最为常用，其电源电压与管端工作电压分别为 220 V 和 20 V，正常点燃时发出青紫色光，其中主要包括七种可见的单色光，它们的波长分别是 612.35 nm（红）、579.07 nm 和 576.96 nm（黄）、546.07 nm（绿）、491.60 nm（蓝绿）、435.84 nm（蓝紫）、404.66 nm（紫）。汞灯工作时必须串接适当的镇流器，否则会烧断灯丝。

为了保护眼睛,不要直接注视强光源。正常工作的灯泡如遇临时断电或电压有较大波动而熄灭,需等待灯泡逐步冷却,汞蒸气降到适当压强之后才可以重新发光。图 1.8 所示为一种汞灯及其镇流器。

图 1.8　汞灯及其镇流器

3. 激光器

激光器是一种单色性好、方向性强、亮度高、相干性好的新型光源。实验室最常用的激光器为氦氖激光器和半导体激光器。氦氖激光器发出的波长为 632.8 nm。激光管内充有按一定配比的氦气和氖气,在管端两极加以直流高压才能激发出光,使用中应注意人身安全。激光器关闭后,也不能马上触及两电极,否则电源内的电容器高压会放电伤人。半导体激光器可以获得几种不同波长的红色或绿色的激光,其中最常见的波长为 532 nm。激光束能量集中,不能用眼睛直接观察,以免造成伤害。

由于在信息光学实验中,激光光源最为常用,因此下面对激光光源的一些重要的参数作一简要的介绍。

(1) 激光器的模式

激光器的模式有横模和纵模。提到激光器模式时,通常主要是指横模。激光器模式的好坏直接影响到实验的成败和质量。

① 激光器的横模

激光器的横模直接影响空间相干性,在同一个横模中激光束波面的位相差是固定的。通常总是选择单横模输出,其光强分布是高斯型的,可表示为

$$I(r) = I_0 e^{-2r^2/\omega^2} \tag{1.2}$$

式中 I_0 为光斑中心的光强,r 为波面上一点与光斑中心的距离,ω 为高斯光束的光斑半径,定义为在光束横截面内,光强下降到光斑中心光强 I_0 的 $\frac{1}{e^2}$ 时所对应的圆半径。若基模上叠加了其他的高阶模,将破坏空间的相干性,使干涉条纹对比度下降,甚至模糊不清,从而导致实验失败。检查激光器的横模有多种方法,最简单的是用肉眼直接观察经过扩束的光斑,看其光强分布是否为平滑的高斯型分布。如果是平滑的高斯型分布,则为基模,如图 1.9 所示;如果出现对称的双瓣或多瓣光斑,则为多横模。

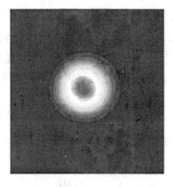 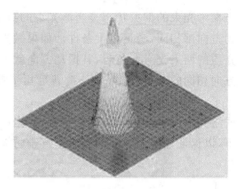

图1.9 激光器单横模的远场分布和功率分布示意图

② 激光器的纵模

激光器的纵模影响时间相干性。根据光腔共振条件

$$L = m \frac{\lambda}{2} \tag{1.3}$$

式中 L 为腔长,m 是干涉膜。考虑到 $\lambda = c/\nu$,则

$$\nu = m \frac{c}{2\lambda} \tag{1.4}$$

$$\Delta \nu = \frac{c}{2L} \tag{1.5}$$

式中,ν 表示纵模频率,该式称为频率条件。$\Delta \nu$ 是纵模的频率间距。由于激光束的输出必须同时满足频率条件和振荡阈值条件,所以激光器输出的纵模个数是有限的。图1.10所示的情况有3个纵模,图中 $\delta \nu$ 表示单模频宽。

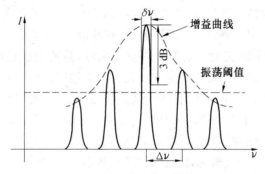

图1.10 激光器的纵模

对于单纵模的激光输出,相干长度 L_C 由下式确定,即

$$L_C = \frac{c}{\delta \nu} = \frac{\lambda^2}{\delta \lambda} \tag{1.6}$$

由此可见,相干长度只与频宽 $\delta \nu$ 有关。但单纵模的激光器管很短。通常实验室用的激光器管长都是 1~1.5 m,在使参考光、物光的光程差为管长的偶数倍附近时便可以记录到高质量的全息图。一般在多纵模情况下使用时,参考光、物光的光程差应控制在管长的1/4左右。

(2) 激光的偏振方向

两个相互垂直的线偏振光之间不会产生干涉,所以在进行信息光学实验的时候,必须考虑物光束与参考光束的偏振状态。当激光束的振动方向垂直于防震工作台面时,物光与参考光的振动方向都相同,满足相干条件。如果激光束的振动方向平行于防震工作台面,则当到达记录介质的两束光有夹角时,其振动方向就不再平行了。夹角较小时,两束光还具有较大的振动方向相同的分量,这两个分量满足相干条件;夹角超过了一定值时(大约 25°),相干性就很差了。

外腔式激光器由于使用了布儒斯特窗,输出的激光束是完全偏振的。布儒斯特窗必须向上或向下,以保证输出光的振动方向垂直于防震工作台面,如图 1.11 所示。图中 i_B 为布儒斯特角。

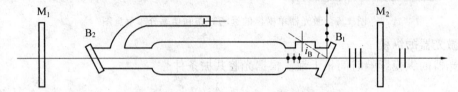

图 1.11　外腔式激光器示意图

内腔式激光器不加布儒斯特窗,光束的偏振方向是随机的,并且相邻的两个纵模的振动方向是相互垂直的,不再存在优势方向。使用时应在激光器的输出处加上一块偏振片,只让垂直于台面振动的光束通过。这样虽然损失了一部分激光功率,但保证了两束光振动方向相同,以满足相干条件。

(3) 激光器的输出功率

激光器在正常使用过程中输出功率常常会下降,且当激光器点燃后,由于腔内温度升高,谐振腔的腔长会发生变化引起模式的变换,因此激光器点燃后应稳定一段时间(通常为半小时)再使用。如室内防尘条件差,激光器长时间置放,室内尘埃会污染布儒斯特窗和反射镜,也会使激光输出功率下降,这时需要用脱脂棉球蘸上 1:1 的无水乙醇轻轻擦拭窗口,并用吹气球清除反射镜上的灰尘。夏天室内空气潮湿,易使谐振腔的胶合件脱胶,产生漏气,致使激光器的功率大幅度下降。当发现激光器的毛细管颜色发蓝时,便是激光器内的氦气已全部漏掉,故激光器长期不使用时,要定期点燃激光器,以排除室内潮湿环境对激光器的影响。剧烈振动或操作不小心碰动了外腔式激光器的调节螺钉,功率也会下降。这时应在光功率计监测下,通过微调螺钉把功率调到额定值。学生实验使用的激光器通常为功率较小(2～3 mW)的内腔式氦氖激光器,无需调节谐振腔。

图 1.12 为放置在防震工作台上的氦氖激光器。其他常用激光器的情况,见表 1.1。

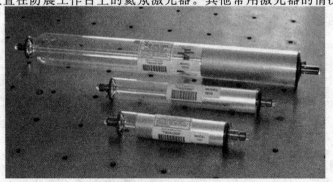

图 1.12　氦氖激光器

表1.1 常用激光器

名称	类别	波长	工作方式	用途
红宝石激光器	固体激光器	694.3 nm	连续 脉冲	激光测距、激光加工、激光全息、激光医学
YAG激光器（掺钕钇铝石榴石激光器）	固体激光器	532.0 nm （倍频）	连续	激光测量、激光加工、激光治疗、激光泵浦、非线性光学
钕玻璃激光器	固体激光器	1 060 nm	脉冲	激光加工、激光治疗、激光测量、非线性光学与激光等离子体研究
氩离子激光器	气体激光器	488.0 nm 514.5 nm	连续	激光显示、信息处理、激光泵浦、全息照相以及激光光谱学
二氧化碳激光器	气体激光器	10.6 μm	连续 脉冲	激光加工、激光治疗、激光通信、非线性光学、激光光谱学与激光等离子体研究
氮分子激光器	气体激光器	337.1 nm	脉冲	激光荧光分析、集成电路制造、激光育种、激光治疗、探测污染、激光泵浦以及非线性光学
准分子激光器	气体激光器:惰性气体准分子,惰性气体原子与卤素气体原子结合而成的准分子,以及金属原子与卤素原子结合而成的准分子	光谱波段的近紫外区和真空紫外区	脉冲	激光荧光分析、集成电路制造、激光育种、激光治疗、探测污染、激光泵浦以及非线性光学
可调谐染料激光器	液体激光器	较宽光谱范围内（通常可达几十纳米以上）获得单色性较好的可调谐激光	连续 脉冲	激光光谱学、非线性光学、激光显示、信息记录与存储、激光医学、生物学
双异质结 GaAs/GaAlAs 半导体激光器	半导体激光器	近红外,可按一定方式在有限的光谱范围内进行调谐	连续 脉冲	光通信、信息存储、处理与显示、激光测距、制导、夜视及激光光谱学

三、光学元件

(1) 光开关与曝光定时器

光开关通常放置于激光器之后,用于控制光路的开启和关闭,与曝光定时器配合,用于准确控制曝光时间。曝光定时器定时范围一般为 0.1~99 s 之间,精度为±2.5%,操作简便。光开关与曝光定时器,如图 1.13 所示。

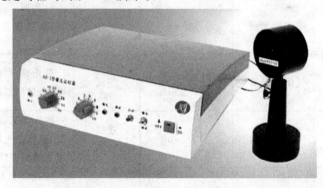

图 1.13　曝光定时器与光开关

(2) 光强分束镜

光强分束镜也称分束镜,是将入射光束分成具有一定光强比的透射与反射两束光的光学元件,主要性能参数是分束比,即在工作波长上透射光强度与反射光强度之比,又称透反比。根据分束比,可将分束镜分为固定分束比分束镜和可变分束比分束镜两类。

固定分束比分束镜是在玻璃基片上均匀镀上多层介质膜或金属膜而制成,选择不同的膜系可以获得不同的分束比。常见的分束比规格有 1∶1,1∶4,1∶7,1∶9,9∶1 等。由于分束比固定,因此这类分束镜有多种口径的,可用于宽光束分光中。图 1.14 为固定分束比分束镜(不含支架)。

图 1.14　固定分束比分束镜

可变分束比分束镜有阶跃和连续渐变之分。阶跃分束镜是在玻璃基片的不同区域分别镀制不同的膜系,使各区域有不同的分束比;连续渐变分束镜则是在玻璃基片上镀制厚度连续变化的折光膜,由于膜厚连续变化,吸收率也随之连续变化,因此分束比连续改变。连续渐变分束镜有条形和圆形两种,结构如图 1.15 所示。图 1.16 为一个圆形渐变分束镜实物。可变分束比分束镜用于激光细光束的分束中。

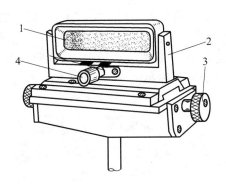 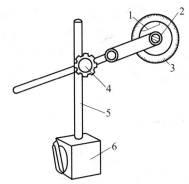

(a) 条形渐变分束镜
1—分束镜；2—分束镜架；
3—平移调节旋钮；4—俯仰调节旋钮

(b) 圆形渐变分束镜
1—分束镜；2—旋转装置；3—圆盘；
4—紧定旋钮；5—杆架；6—磁性表座

图 1.15 连续渐变分束镜

图 1.16 圆形渐变分束镜实物

(3) 偏振分束镜

在偏振光的光路中，通常采用偏振分光原理的分束器实现连续渐变分光。图 1.17 是利用沃拉斯顿棱镜的分束镜，P_1、P_2 为两块半波片。两束光的相对强度正比于入射光束的水平偏振分量和垂直偏振分量的强度，即取决于入射光振动方向与半波片 P_1 之间的夹角，当半波片 P_1 旋转，则夹角改变，从而实现分束比连续可调。转动半波片 P_2 可以改变光束 2 的偏振方向，使之与光束偏转方向一致。

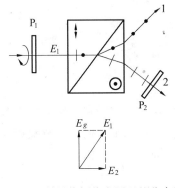

图 1.17 利用偏振分光原理的分束镜

根据反射和折射原理也可产生偏振光。在两个直角棱镜之间交替镀上高、低折射率的膜层，然后胶合为一块立方棱镜。膜层起反射和透射型偏振器的作用。因此这种偏振分光棱镜能把入射的非偏振光分成两束垂直的线偏光，其中 P 偏光完全通过，而 S 偏光以 45°角被反射，出射方向与 P 光成 90°角。偏振分光棱镜的原理图和实物图，如图 1.18 所示。

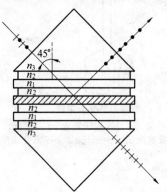

图 1.18　偏振分光棱镜的原理图和实物图

(4) 平面反射镜

平面反射镜用于转折光路，应根据所转折的光束直径而选定相应口径的平面反射镜。对于转折宽光束的反射镜，除了对口径有一定要求之外，还有对表面平面度的要求。另外，为了消除附加反射光的影响，反射镜通常都是在前表面上镀制反射膜。

平面反射镜根据表面上镀制的反射膜类型，可以分为铝膜反射镜和介质膜反射镜。铝膜反射镜的优点是反射率与入射角几乎无关，不存在明显色散，缺点是反射率不够高，在 84% 左右，膜层机械强度不够高，膜层表面容易损伤，一般只允许用吹气球吹去灰尘，必要时可用 1∶7 的酒精、乙醚混合液轻轻擦拭。介质膜反射镜的优点是反射率高，一般可达 99%，缺点是反射率与光的波长和入射角有关，垂直入射时反射率最高，随入射角增大反射率迅速下降。

平面反射镜及其调节机构如图 1.19 所示。

图 1.19　平面反射镜及其调节机构

该平面反射镜的调节机构主要是水平和俯仰调节螺钉，在平面镜插入光路之前，一定要特别注意其俯仰，避免反射光对人眼形成伤害。

(5) 针孔滤波器

针孔滤波器又称空间滤波器，用于消除由激光中的散射和反射所引起的杂光干扰，相当于一个低通滤波器,通带大小由针孔大小控制。在扩束准直系统中,细激光束首先要通过一个焦距短、放大倍数高的扩束镜扩束,由于光束扩得很大,故一些小的尘埃或光学元件缺陷所引起的衍射光,将以同心干涉环的形式在扩展光束的不同位置产生大大小小的衍射图样,成为牛眼噪声,其对应于光束的较高空间频率成分。这种光学噪声可能使全息图重现像或使观察和分析干涉条纹图样变得困难。为了消除这种噪声,可在扩束镜的焦点处安放一个针孔滤波器,进行低通滤波,挡掉高频率的衍射光,如图1.20所示。

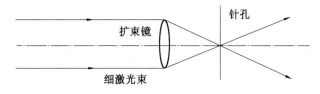

图1.20 空间滤波原理

针孔的尺寸可以按下面的方法来估算。由于针孔是放在扩束镜后焦点处的,其孔径应等于后焦面上衍射中心的艾里斑直径。根据圆孔的夫琅和费衍射,艾里斑半径为

$$r_0 = 1.22\frac{\lambda f}{d} \tag{1.7}$$

式中f为扩束镜的焦距,d为扩束镜上激光束的实际通光孔径。激光束的能量为高斯型分布,由于高斯光束的束腰宽度决定了激光束存在一个平均发散角,这一发散角将使聚焦光斑的面积增大,因此,通常针孔半径还可进行适当的修正。根据计算出来的针孔尺寸,在系列针孔滤波器中选择所需的滤波器即可。

由于针孔的孔径非常小(微米量级),因此针孔的调校必须安装在能够调节水平、上下、前后和俯仰的调节架或者专门的针孔座上,如图1.21所示。

图1.21 针孔调节座

(6)傅里叶变换透镜

傅里叶变换透镜是信息光学实验和光信息处理研究中最常用的基本光学元件,由两个傅里叶变换透镜构成的$4-f$系统是最基本的相干光信息处理系统。根据透镜的傅里叶变换性质,当物体置于透镜的前焦面上时,在光源的共轭面上将获得物体的傅里叶变换频谱。对于傅里叶变换透镜,首先要求能很好地消除焦平面像差,即要求前焦面上不同点源发射的光经透镜以后,都能变成平行光;不同方向的平行光经透镜后都能很好聚焦于后焦面上。由于在信息处理中,该类透镜兼有频谱分析和成像两方面的作用,故同时要求傅里叶透镜既能消除焦平面像差,又能对特定的一对物像共轭面校正像差。用于白光信息处理系统中时,还

应具有消除焦平面色差的良好性能。

满足上述要求的傅里叶变换透镜结构形式很多,但典型的结构形式有两种:一种是单光组结构形式,单个光组为双胶合或双分离形式,这种结构形式的傅里叶变换透镜可使正弦差和球差得到很好较正,但由于轴外像差的存在,其视场角和相对孔径一般较小;另一种结构形式的傅里叶变换透镜为对称型,这种结构形式的傅里叶变换透镜最大特点是采用二组对称的反远距透镜组,使物镜的主面位置外移,从而可使物镜的物像方焦点距离小于物镜的焦距,减小了光信息处理系统的外形尺寸。在同样的工作条件下,对称形式的傅里叶变换透镜,其焦距可增长一倍左右,相应所能处理的物面和频谱面尺度变大,有利于发挥光信息处理系统的作用。此外,由于对称结构采用正负透镜组合,有利于校正物镜的像面弯曲和其他轴外像差,但其结构复杂,造价相对较高。

傅里叶变换透镜框架上一般有 FTL 的标识,与一般的成像透镜进行区别。图 1.22 所示为傅里叶变换透镜实物图。

图 1.22　傅里叶变换透镜

(7)激光扩束镜

激光扩束镜也称扩束镜,它主要有两个用途:其一是扩展激光束的直径;其二是减小激光束的发散角。根据激光原理的理论,一束被扩束的激光光束的发散角和扩束比成反比例变化,也就是激光光束束腰越大,则发散角越小,反之则束腰越小,发散角越大。因此,与未经扩束的光束相比,扩束后的光束束腰可被聚焦得更小,但发散角增大。激光扩束镜的重要参数的扩束倍率,即光束直径的放大倍率。

扩束镜通常和准直镜一起构成扩束-准直系统。由于从激光器输出的激光束的束宽积近似为一定值,当束腰半径扩大 n 倍时,其发散角相应压缩为原来的 $1/n$,因此通过扩束准直系统之后,可以有效压缩发散角,实现激光的准直。由于光束质量是束腰半径和发散角的乘积,是光学不变量,因此扩束准直之后并不能改善光束质量。

显微物镜常用作激光扩束镜。图 1.23 所示为一个激光扩束镜。

图 1.23　激光扩束镜

(8) 准直透镜

准直透镜与扩束镜共同构成扩束准直系统,准直透镜的作用是将扩束透镜扩束后发散角大、束腰半径小的激光光束变换为束腰半径大、发散角小的准直光束,准直透镜一般焦距长、口径大,具体的选择要根据系统所需要的光束尺寸、激光器发出的光束参数和扩束镜光学参数来进行。图 1.24 所示为一个集成扩束和准直透镜的扩束准直系统。

图 1.24　集成扩束和准直透镜的扩束准直系统

(9) 光束提升器

光束提升器主要用于改变光束距离工作台面的高度,并兼具转折光路的功能,其作用是通过两块平面反射镜实现。光束提升器如图 1.25 所示。

(10) 平晶

平晶是具有两个(或一个)光学测量平面的正圆柱形或长方形的量规。光学测量平面是表面粗糙度数值和平面度误差都极小的玻璃平面,它能够产生干涉条纹。平晶有平面平晶和平行平晶两种。平面平晶用于测量高光洁表面的平面度误差,平行平晶的两个光学测量平面是相互平行的,用于测量两高光洁表面的平行度误差。平晶用光学玻璃或石英玻璃制造。圆柱形平面平晶的直径通常为 45～150 mm。其光学测量平面的平面度误差为:1 级精度 0.03～0.05 μm,2 级精度 0.1 μm。在信息光学实验中,平行平晶可用于光束的准直检测。图 1.26 所示为一组平晶。

图 1.25　光束提升器　　　　图 1.26　平晶

(11) 棱镜

棱镜是透明材料（如玻璃、水晶等）做成的多面体。在光学仪器中应用很广。棱镜按其性质和用途可分为色散棱镜、全反射棱镜等若干种。色散棱镜用于光谱仪器中，进行复合光的分解；全反射棱镜也称直角棱镜，用于改变光的进行方向，进行光路转折，从而调整其成像位置。在信息光学实验中，也可构成为图像输入的光路。图1.27所示为一组棱镜。

图1.27 棱镜

(12) 波片

波片是能使互相垂直的两光振动间产生附加光程差或相位差的光学器件。通常由具有精确厚度的石英、方解石或云母等双折射晶片制成。常用的波片有1/4波片、1/2波片等。图1.28所示为波片。

(13) 柱面透镜

柱面镜是一类非球面的透镜，可以有效减小球差和色差，它主要应用于改变成像尺寸大小的设计要求。例如，把一个点光斑转换成为一条线斑，或者在不改变像宽度的情况下改变像的高度等。柱面透镜分为平凸柱面透镜与平凹柱面透镜，常应用在线性探测器照明、条形码扫描、全息照明、光信息处理等领域。图1.29所示为柱面透镜。

图1.28 波片

图1.29 柱面透镜

(14) 偏振片

可以使天然光变成偏振光的光学元件称为偏振片，它是由偏振膜、内保护膜、压敏胶层及外保护膜层压而成的复合材料。在信息光学实验中，偏振片通常构成起偏和检偏器。

(15) 其他光学元件

其他光学元件包括毛玻璃、白屏、孔屏、光阑等。白屏、毛玻璃用作成像屏，光阑、孔屏在光路调整中作等高测试或限制光束范围时使用。

四、机械元件

(1) 磁性表座

磁性表座是用于支撑各类元件且借助磁力固定位置的器具。在信息光学实验中,为保证实验中的稳定性,光学元件在调整结束后都需要切换磁性表座的磁性开关,使之稳定地固定在光学防震台面上。图 1.30 所示为一个磁性表座。

图 1.30 磁性表座

特别注意的是,在调整光路过程中,如果需要移动磁性表座,请避免磁性表座直接在防震工作台上拖动,而应将之拿起后放置在相应的位置。

(2) 多维调节架

在信息光学实验装置中,各光学元件的机械调节是十分重要的。根据调节架能够调整的维度,可以分为从一维到六维的调节架。光学元件与不同维度的调节架配合使用,可以进行 $x,y,z,\theta_x,\theta_y,\theta_z$ 六个维度上的调整,具体调节架的选择,和光学元件需要调整的方向有关,通常一般光学元件必须与二维调节架配合使用,需要精密调整的光学元件则要与二维以上调节架配合,而针孔则与五维调节架配合使用。图 1.31 所示为一个五维调节架。

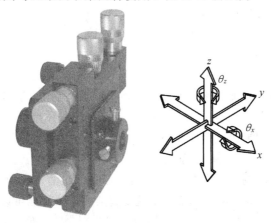

图 1.31 五维调节架

(3) 光学镜架

光学镜架是在光路中固定光学元件的机械装置。在信息光学实验中,光学镜架与各类调节架配合使用或集成,保障光学元件能够准确安放在光路中。常用的光学镜架,如图 1.32 所示。

(a) 透镜架　　　　　　　　　　(b) 反射镜/棱镜架

图1.32　光学镜架

(4) 干板架

信息光学实验一般采用全息干板作为记录介质，夹持全息干板的干板架有两类：一类是一般干板架，另一类是干板复位架。

一般干板架用于干板无需复位的场合。它是在载物台上铣出一条比干板厚度稍宽的直槽，用螺钉从侧面夹紧插入的干板。为了避免因螺钉夹紧处的应力集中导致干板破碎的问题，通常在干板和螺钉之间放置衬板，衬板的作用类似于垫圈。图1.33所示为一个一般干板架。

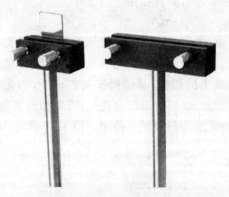

图1.33　一般干板架

干板复位架用于全息干板需要精确复位的场合，如匹配滤波器进行图像的识别实验等实验中就需要使用干板复位架。图1.34所示为一个干板复位架。

干板复位架主要由动片和定片组成，干板装夹在动片上，曝光之后不取下干板，而是将干板和动片一起进行暗室的处理，处理后动片与定片之间通过六点定位法进行精确复位。

干板复位架的基本指标是复位精度。采用六点定位法的复位架，复位精度可达到$1\sim 2~\mu m$，能够满足一般信息光学实验需要。干板复位架的复位性能可以通过拍摄二次曝光全息图的方法在检查，再现像中若叠加的干涉条纹越密，则表示复位误差越大，复位精度越低。

使用干板复位架需要注意的是，在干板夹持中一定要夹牢，在暗室处理的过程中不能碰撞干板，动片要轻拿轻放，复位时保证接触良好，使动片处于稳定的位置上。

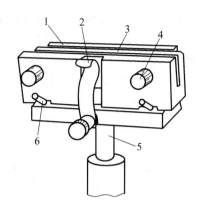

图 1.34 干板复位架

1—定片；2—弹簧压片；3—动片；4—螺钉；5—插杆；6—定位销

五、记录设备与记录介质

信息光学实验中常用的记录设备有光电池和电荷耦合器件两类,这两类设备都是利用光电效应完成光电转换的器件,光电转换后的信息可以储存在计算机里,并用计算机进行处理。而实验中常用的记录介质主要分为两类:普通照相胶片和全息记录介质。普通照相胶片常用于制作实验用的目标,以便将输入物或数据馈送到光学信息处理系统中,也可以用于记录输出结果。全息记录介质主要用于记录全息图和干涉图样,也可用于制作光学信息处理系统中的目标和各类滤波器。常用的全息记录介质有:卤化银乳胶、重铬酸盐明胶、光致抗蚀剂、光致聚合物、光导热塑料和光折变晶体等。

(1)光电池

光电池利用半导体 PN 结的内光电效应工作,完成光电转换。常用光电池有硅光电池、硒光电池、硫化铊、硫化银光电池等。硅光电池性能稳定,寿命长,光谱响应范围宽,响应速度快,常用于光度、色度与辐射测量的技术中;硒光电池光谱响应曲线与人眼光谱灵敏度曲线接近,常用于与人眼视觉有关的光学实验、测试和控制技术中。光电池还有一个大家更熟悉的名字——太阳能电池。图 1.35 所示为光电池的实物图。

图 1.35 光电池

(2)电荷耦合器件

电荷耦合器件(charge-coupled device,CCD),一种光电传感器,广泛用于固体成像、信息处理和大容量存储器,通常在数码相机、摄像机中就有 CCD(也有的数码相机、摄像机中采用的是 CMOS 器件)。电荷耦合器件由美国贝尔实验室的 W. S. 博伊尔和 G. E. 史密斯于 1969 年发明,它的基本功能是电荷的储存和电荷的转移,基本工作原理是信号电荷的产生、存储、传输和检测。其重要的性能参数包括像素点数目、最小感应光照度、点阵距离等。CCD器件按其感光单元的排列方式分为线阵CCD和面阵CCD两类。

线阵CCD结构简单,成本较低,可以同时储存一行电视信号。由于其单排感光单元的数目可以做得很多,在同等测量精度的前提下,其测量范围可以做的较大,并且由于线阵CCD实时传输光电变换信号和自扫描速度快、频率响应高,能够实现动态测量,并能在低照度下工作,所以线阵CCD广泛地应用在产品尺寸测量和分类、非接触尺寸测量、条形码等许多领域。

面阵CCD可以同时接受一幅完整的光像,有行间转移(IT)型、帧间转移(FT)型和行帧间转移(FIT)型三种。面阵CCD的优点是可以获取二维图像信息,测量图像直观,因此应用面较广,可用于面积、形状、尺寸、位置、温度等的测量。图1.36所示为面阵CCD和线阵CCD。

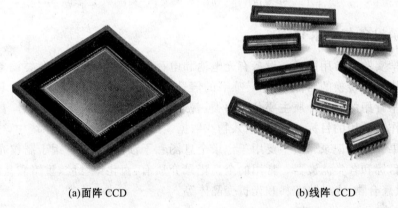

(a)面阵CCD　　　　　　　　　　(b)线阵CCD

图1.36　CCD

(3)照相胶片

照相胶片通常称为胶卷,又名底片、菲林,是一种成像器材。现今广泛应用的胶卷是将卤化银涂抹在聚乙酸酯片基上,此种底片为软性,卷成整卷方便使用。当有光线照射到卤化银上时,卤化银转变为黑色的银,经显影工艺后固定于片基,成为常见的黑白负片。彩色负片则涂抹了三层卤化银以表现三原色。除了负片之外还有正片及一次成像底片等。

胶片的结构包括:保护膜、感光乳剂、片基和防光晕层。保护膜透明且硬,用于保护感光乳剂不被划伤;感光乳剂主要成分为卤化银和照相明胶,卤化银是胶卷的感光材料,照相明胶是卤化银的载体,卤化银受光的照射后形成潜影(这时是看不到影像的,所以叫潜影),既卤化银中出现了银原子的颗粒,后期经显影定影等处理,就成为我们一般看到的底片了;片基的作用是撑起感光乳剂的架子,所以对它的要求是透明度好、平整韧性好和机械强度高;防光晕层用于避免强光使胶卷造成大面积感光。

胶片的感光性能包括:感光度、反差、灰雾、宽容度、最高密度、解像力、颗粒度、感色性等。感光度是胶片对光的敏感程度,也是胶片所具有感光能力和标志,胶片在光线很弱的情况下就能感光,称高速感光度(快速)胶片,胶卷感光度通常用ISO表示,ISO数值越高,感光速度越快;反差指拍摄后的影像的明暗程度与原景物的明暗程度的比值;灰雾是胶卷不经过曝光,显影后产生的灰密度,灰雾越小越好;宽容度指胶卷表达被摄物全部亮度间距的能力;最高密度就是胶卷可以黑的最高程度;解像力指胶卷对被摄物细部清晰辨别的能力,即在单位面积内可以表示出的可分辨的线数;颗粒度指胶卷经曝光、显影后现成影像的银粒的大小;感色性是胶卷对不同色光的敏感度不同,这也是评价彩色胶卷的一项标准。

胶卷按照尺寸分类有常见的 120 胶卷、135 胶卷、6×4.5 胶卷等,按色彩还原分类有黑白胶卷、彩色胶卷等。黑白胶卷按其感色性能分,可分为全色片、分色片、色盲片、红外线片、X 光片等,常用的是全色片;彩色胶卷又有彩色负片和彩色反转片等类型。

在一般的信息光学实验中,普通照相胶片常用于制作实验用的目标,以便将输入物或数据馈送到光学信息处理系统中,也可以用于记录输出结果,常用的是黑白全色片。胶卷的冲洗技术流程和使用的显影、定影液的配方可参看摄影类相关书籍,程序与随后的全息干板的处理技术类似。

(4) 全息记录介质

由于超微粒银盐乳胶具有重复性好、保存期长和使用方法易于掌握等优点,是迄今最为广泛使用的全息记录介质材料,同时重铬酸盐明胶、光敏抗蚀剂、光导热塑材料、光致聚合物、光折变材料等新的全息记录介质日益受到重视。

评价全息记录材料性能的主要指标有感光灵敏度、感光光谱范围、分辨率、信噪比、调制传递函数、特性曲线、重复性和保存期。感光灵敏度是指介质受到光照后响应的灵敏度,定义为具有最大衍射效率时所需的曝光量;感光光谱范围是指记录介质能产生作用的光谱范围;分辨率代表记录介质的分辨本领,以每毫米分辨多少线对作为指标;信噪比用于衡量感光材料中所记录信息失真程度和清晰度;调制传递函数是全息图的振幅调制度或位相调制度与干涉条纹调制度之比;特性曲线用于描述与记录介质有关的物理量间的关系曲线,如振幅透过率与曝光量之间的关系曲线等;重复性是指记录介质记录信息可重复擦写的能力;保存期是指全息记录材料对已记录信息的保存时间。除此之外,全息记录介质还有包括成本、易用性等其他性能。

① 银盐干板

在信息光学实验中,银盐材料制作的全息干板是最常用到的记录介质。超微粒的银盐乳胶具有很高的感光灵敏度和分辨率,有宽广的光谱灵敏范围,重复性好、保存期长,具有很强的通用性。银盐干板可记录和获得振幅全息图和位相全息图。银盐干板一般由保护层、乳胶层、底层、防光晕层和基片(玻璃层)组成,如图 1.37 所示。

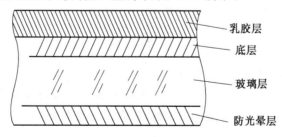

图 1.37 银盐干板结构示意图

乳胶层起着记录、存储和再现物体信息的作用,是感光层。它的主要成分是明胶和卤化银以及适量的坚膜剂、增感剂、稳定剂等。在乳胶层,卤化银以微晶形式均匀地分布在明胶中。明胶限制卤化银聚结,是乳胶层的成膜物质,它对乳胶层的照片性能有很大影响。当光照射该层后引起化学反应,即感光,进而记录下光强或光振幅的变化。底层使乳胶与基片牢固地黏附在一起,防止乳胶层脱落。干板的基片是玻璃,胶片的基片是醋酸盐,它是感光乳胶层的支持体。防光晕层的基本成分是吸光物质和黏结剂,涂于片基的背面,用来防止干板曝光时背面反射光引起光晕所造成的影像不清或微弱的附加全息图。用于记录反射全息图的厚全息干板不需要防光晕层。

全息记录介质主要用于记录全息图,也可以用于制作目标和空间滤波器。常用全息干板的基本性能见表1.2。

表1.2 常用全息干板的基本性能

型号	厚度 /μm	灵敏波长 /nm	曝光量 /($\mu J \cdot cm^{-2}$)	极限分辨率 /($c \cdot mm^{-1}$)
天津Ⅰ型	6~7	632.8	30	>3 000
天津Ⅱ型	6~7	694.0	38	>3 000
HP633P	10	632.8	~300	>4 000
Kodak649F	6~17	全色	80	>3 000
Kodak120	5	600~700	42	>3 000
Agfa8E70	6	全色	20	3 000
Agfa8E75	6	全色	20	>3 000
Agfa10E75	6	全色	50	~2 500

银盐干板记录的光化学过程可以概括为银盐乳胶吸收光子生成不可见的潜像,显影处理后获得可见的增强像,定影后得到永久的像。这时的全息图是振幅型全息图,进一步对振幅型全息图进行漂白处理可以获得衍射效率较高的位相全息图。具体处理见1.4节干板处理技术。

② 光致抗蚀剂

光致抗蚀剂简称光刻胶或抗蚀剂,指光照后能改变抗蚀能力的高分子感光材料。将光致抗蚀剂涂布于基片上即可制成干板,在光照后,光致抗蚀剂图层发生光化反应,随曝光量不同具有不同的溶解力。选用合适的溶剂显影,使得未曝光区域或曝光区域加速溶解,就可得到浮雕位相全息图。

光致抗蚀剂分为正性和负性两大类。正性光致抗蚀剂受光照部分发生降解反应而能为显影液所溶解;负性光致抗蚀剂受光照部分产生交链反应而成为不溶物,非曝光部分被显影液溶解。采用正性光致抗蚀剂可以获得高质量的浮雕全息图,并且用这种浮雕全息图可以铸模为标准母版,在加热的塑料上大批量模压复制全息图。图1.38所示为在光致抗蚀剂上制作的高衍射效率彩虹全息母版。

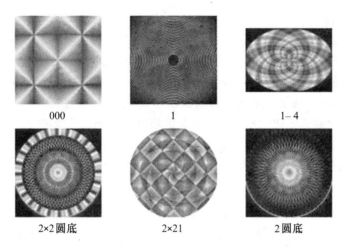

图 1.38　光致抗蚀剂上制作的高衍射效率彩虹全息母版

③光导热塑材料

光导热塑材料也是浮雕型位相记录材料。它是首先用真空镀膜的方式在玻璃片基上镀一层透明导电膜，之后涂布 2～3 μm 厚的透明光导体，然后再加一层约 1 μm 厚的热塑性材料，就制成了光导热塑材料。

光导热塑材料的记录原理，如图 1.39 所示。

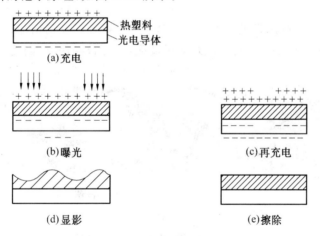

图 1.39　光导热塑材料的记录原理

首先，在暗室中用高压电对热塑片进行充电，使之带上均匀的表面电荷，同时导电层上也感应了一层均匀反号电荷，于是在热塑料和导电层之间形成均匀的电位差，这个过程为充电敏化(图 1.39(a))；在进行记录时(图 1.39(b))，曝光部分光导体电阻下降，在电场作用下，导电层相应部分的电荷迁移到光导层和热塑层界面，在光导热塑片内形成潜像；第三步进行再充电，使电位潜像变为电荷密度潜像(图 1.39(c))；最后加热显影(图 1.39(d))，热塑层形变，获得记录图像；该材料还可擦除后反复使用，擦除方法是适当加热并同时以强白炽灯照明，使热塑层恢复到平整光滑的状态(图 1.39(e))。

光导热塑材料的优点在于对整个可见光波段都敏感，衍射效率较高，可获得干法、原位、实时显影，可重复使用。缺点是分辨率不高，一般小于 2 000 线对/mm。

④ 重铬酸盐明胶

重铬酸盐明胶(DCG)是一种很好的位相型记录介质,典型膜厚 10~30 μm,是体全息记录材料。它的分辨率可以达到 5 000 线对/mm。重铬酸盐明胶具有高衍射效率和高信噪比的优点。缺点是感光度低,对温度和细菌的反应敏感,且对环境的温湿度敏感,怕潮湿,图像不稳定,容易消像,所以应放在密闭容器中保存。

DCG 分为硬化和未硬化的两种。未硬化的明胶可以制作浮雕型全息图;硬化的明胶适合于制作折射型的位相型全息图。由于这种材料被光照射的部分不变黑,在全息图再现时不吸收光,因此其衍射率高,用它制作的体积全息图的衍射效率可达到 9%。重铬酸盐明胶吸收区的波长大约为 540 nm,因此只能用于氩离子激光的 514.5 nm 和 488 nm,或氦镉激光的 412 nm 波长。

⑤ 光致聚合物

全息记录用光致聚合物主要由单体、聚合体和光敏剂组成。光致聚合是一种光化学过程,在光的照射下,聚合体系中产生活性自由基,并引发起聚合效应使体系内的小分子或单体被组合成大分子或聚合物。光致聚合材料可用来制作折射型或浮雕型的位相全息图,图像形成的机理是,在曝光阶段,光聚合物体系在特定波长的激光能量的作用下产生自由基,并聚合形成大的分子。不同位置记录条纹光强度的分布形成了记录材料聚合度的空间分布,再经过显影、定影处理形成全息图。不同聚合度的物质,反映在光学特性方面,就显示出折射率的差异。

光致聚合物具有较高感光灵敏度、高分辨率、高衍射效率及高信噪比,可用完全干法处理及快速显影,产生的全息图具有高的几何保真度,并可长期保存,因此是一种较理想的体全息记录材料。图 1.40 是采用光致聚合物制作的全息防伪商标。

图 1.40　光致聚合物全息防伪商标

⑥ 光致变色材料

光致变色的材料早在 1867 年就有所报道,但直至 1956 年 Hirshberg 提出光致变色材料应用于光记录存储的可能性之后,才引起了广泛的注意。光致变色现象指的是化合物在受光照射后,其吸收光谱发生改变的可逆过程,具有这种性质的物质称为光致变色材料或光致变色色素。人们最熟知的就是通常感光照相使用的卤化银体系,分散在玻璃或胶片中的银微晶在紫外光照下成黑色,但在黑暗下加热又逆转,变成无色状态。目前,对光致变色的研究大都集中在二芳基乙烯、俘精酸酐、螺吡喃、螺嗪、偶氮类以及相关的杂环化合物上,同时也在继续探索和发现新的光致变色体系。近年来,将光致变色材料应用于光信息存储、光调控、光开关、光学器件材料、光信息基因材料、修饰基因芯片材料等领域,受到全球范围的广泛关注。

1.3 信息光学基本实验技术

与传统的采用非相干光源照明的光学实验不同,信息光学绝大部分实验都采用相干光源照明。对于非相干光学系统和相干光学系统而言,最重要的概念性差别在于,对非相干光学系统而言,其线性性质是体现在光强上,亦即是光强的线性系统,观察到的分布是光强传递变换的结果;而对于相干光学系统而言,其线性性质是对复振幅而言的,亦即相干光学系统是光的复振幅的线性系统,观察到的分布(花样)必须先通过复振幅的传递、变换获得复振幅的分布,之后再将复振幅分布转换为强度分布。由于在相干光学系统中所有光学现象都是相干光衍射和干涉的结果,因此实验中要特别注意光学元件的清洁,尽量减少相干噪声的影响。

一、激光器的调整与激光的防护

激光器是信息光学实验的主要光源,一台激光器要保持原有良好的参数、性能指标,延长其使用寿命,这不仅与激光器本身质量有关,而且与正确的调整、使用和优良的维护有关,同时激光能量的空间和时间上的高度集中,光输出功率很高、方向性好,因此在使用过程中也要注意激光的防护问题。

1. 激光器的调整

信息光学实验中绝大部分实验采用激光作为光源,通常采用的都是内腔式激光器,一般无需调整,在激光器点燃后稳定一段时间即可进行实验,如果采用的是外腔式激光器,由于它的腔是可调的,反射镜片和放电管的窗片都暴露在空气中,在每次使用过程中,激光器的点燃,实际上是对激光器加热,关闭又使激光器冷却。这样热胀冷缩都会使腔发生较大的变化,使振腔失调;同时也会使得放电管发生变形,破坏毛细管的直度区,最终导致激光器不出激光。同时,因为振动或误碰调腔旋钮等,也都会引起激光器失调,导致不出激光,因此外腔式激光器失调不出激光是一种很常见的问题,这里简单介绍一下外腔式激光器调整的方法——十字光靶法。

(1)工具准备

十字光靶是调整的主要工具。它由一个光屏和照明灯组成。光屏可用铅板或铁板做成,其大小约为 60 mm 见方的矩形,一面涂上白漆,并在光屏的中间打一直径小于 1 mm 的孔。以孔的圆心为十字交叉点画一个黑色的十字细线得到十字叉丝。使用时屏需要照明,因此,可将屏与照明灯作成一体。如果临时使用,也可用一张较厚的白纸做成光屏,用台灯或手电照明。

(2)调整步骤

首先将激光器点燃,使放电管辉光放电。将十字光靶放在失调端,十字屏对着激光器,距离在 10 cm 左右,并打开光屏照明灯,用眼睛通过光靶上的小孔观察毛细管的轴心,由于此时亮度较高,所以调整全程必须佩戴防护镜。然后,将光靶的小孔对准毛细管的轴,并移动光靶的位置,同时观察,寻找毛细管中心的亮点。通过光靶,从端面观察毛细管时,很容易看到毛细管内径的亮斑,而亮点是在毛细管的亮斑内。这个亮点直径小于 0.5 mm,该亮点就是毛细管的轴心,如图 1.41(a)所示。由于光在沿毛细管轴传播中,光被放大,但毛细管壁对光有衍射损失,使得靠管壁的光强减弱,因此形成中心光最强,亮度最大,所以从毛细管端面对着毛细管轴心观察,可以看到中心的一个亮点。当看到这一小亮点后,轻微移动光靶,使亮点处在毛细管斑的中心,这时已将光靶的小孔放在毛细管的轴上了。

保证光靶的位置不动,继续从小孔观察反射镜片上十字叉丝的像。因为光靶的小孔已放在毛细管的轴线上,则光靶上十字叉丝交点也应在轴线上,由于反射镜片与毛细管轴线处于失调状态,观察到镜片上十字叉丝交点偏离亮点,如图1.41(b)所示。所以,这时就需要调整反射镜片。

调整反射镜片的旋钮安装在激光器的端面,一般设计成为正交调节。即两个旋钮调节时,分别使得反射镜片绕 x 轴和 y 轴旋转,调节其中的一个旋钮,可以观察到十字叉丝像的垂直线水平移动,调至垂直与中心亮点重合,再调节另一个旋钮,使得十字叉丝像水平线垂直移动,并与中心亮点重合,如图1.41(c)所示。十字叉丝点与亮点中心重合,则垂直就调好了。由于误差的存在,很难一次调整成功,尤其是两端失调的情况。因此,需要反复多次进行调整,就可出激光。

若以上方法调整后还不出激光,则继续调整。即两个旋钮同时调节,其中一个旋钮在原位缓缓地来回旋动,另一旋钮在原位较快地来回转动,这样就相当于镜片与管轴在基本垂直的位置来回移动,寻找最佳垂直位置、使之出光。在调节过程中,一旦有激光闪出,就立即停止旋转,这时只要调节快速旋转的旋钮,即可找出最佳的垂直位置,达到有激光输出。然后,再用使用光功率监视输出激光功率,仔细反复调整,使输出激光功率为最高。

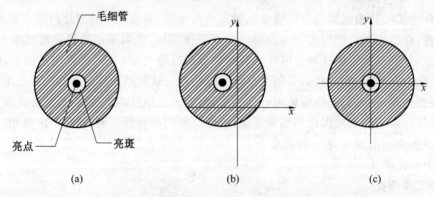

图1.41 十字光靶法调整外腔式激光器

2. 激光的防护

普通光源发出的光是发散的,其亮度一般不高,这些光源在人眼视网膜上所成的像有一定的大小,功率密度较低,一般不会对人眼造成伤害,由于激光的固有特性(方向性好、亮度高、传输损失小等)和人眼的成像功能,激光对人体特别对眼睛存在着潜在危险。激光的功率密度大,其亮度超过太阳或其他人造光源。由于人眼晶状体的聚焦功能,激光经眼球后可在视网膜很小的面积上成像。因此,认为激光器的功率小而忽视其对眼睛的危险是十分有害的。使用大功率激光器时就更应该特别小心!激光直射眼睛是危险的,它可使视力全部或部分消失。激光损害眼睛的机理主要是激光的热效应,其次是压强效应。热效应主要是导致局部温度急剧上升,造成组织表面蒸发和引起膨胀,使组织出现水泡、凝固或沸腾,引起病理变化。激光压强效应,一种是激光自身的光压,另一种是组织受热膨胀的冲击波,同时因组织沸腾、气化而体积剧增,产生二次压强,这种二次压强破坏性比热效应更为严重。激光还可以伤及角膜、晶状体、虹膜等。激光对眼的作用除病理外,还可引起视觉功能障碍。

保护眼睛不受激光伤害应注意以下几点:

(1)绝对不可以用眼直视激光束,不要使激光束指向任何人的眼部附近,激光光源不许和人眼等高。即使激光器关闭的情况下也不要用眼窥视激光器窗口。

(2)特别注意二次光(包括反射光、折射光和漫反射光)对人眼的伤害。直射激光束十分危险,但一般人们很重视,而二次光往往不大引起人们的注意,所以其危险性更大。为了避免二次光对人体的伤害,在操作前应认真检查光路上的所有机械,特别是光学元件的位置,一切不必要的镜面物体应远离光路,调整光路时,特别是在调整反射镜时,不要让激光束到处反射以伤害别人。在一般的实验室,激光束的高度一般在人坐下后与眼睛的高度差不多,所以在实验室里坐下时要特别小心。墙壁色应该和激光色互补。

(3)不允许借助有聚光性能的光学部件(如望远镜、显微镜等)直接观察激光束或其镜面反射光。条件允许时实验人员可佩戴和激光源相适应的激光防护镜,不能用一般的太阳镜来保护眼睛。

(4)暗室在允许的条件下应有适当的照明,这样可使人眼瞳孔缩小,以减小由于偶然事故造成人眼损伤的可能性。

二、光路调整技术

1. 选择合适的光学元件和机械部件

根据设计好的光路图选择合适的光机部件,对于光学元件,重要的是元件孔径、焦距、放大倍率等,同时根据光学元件的调整角球,选取相应光具架和调整机构。光具架的调节机构应连续平衡、定位稳定,使用前需要轻轻晃动光具架各个结合部,检查是否稳定,同时检查各锁紧装置是否牢固可靠,并将所有的微调螺钉调至中间位置,以便留出足够的调节量。

2. 光学元件等高同轴的调整

调整信息光学实验光路的基本原则是共轴,即保证整个光路的光轴平行于工作台面且在同一高度上。等高同轴的调整采用自准直法进行。

(1)调整激光光束平行于工作台面。将激光器固定在适当高度(与光路中支撑好的光学元件的中心高度一致),如果激光器有调节俯仰的旋钮,则调节该旋钮使激光束依次通过置于工作台上高度相等的两个孔屏上的小孔,或者用一个孔屏在台面上移动,并调整始终保证激光光束与小孔重合。如果激光器本身无调节俯仰的旋钮,则可以采用在激光器后加光束提升器来进行光束调整,保证激光光束平行于工作台面。

(2)调整光学元件等高。在激光和孔屏之间加入一个光学元件,观察激光在孔屏上的位置,调整光学元件的高度、旋转和俯仰,使激光光斑中心仍与孔屏上的小孔重合,此时,激光束通过该光学元件的中心。重复该过程,使系统中所有光学元件的光学面中心距离台面高度相等。

(3)调整同轴,即所有光学元件的光轴重合。按照实验光路布置好各光学部件的位置,观察光路中光学元件表面反射和透射的一系列自准直像点,调节相应元件的"旋转"和"俯仰"旋钮,使这系列自准直像点在标准高度的同一直线上,完成同轴的调整。需要注意的是,用于在光学元件安放的过程中,激光光斑在孔屏上的位置是作为系统调整的重要参考,因此扩束准直系统应越晚放入光路越好,特别是扩束镜,应尽量晚些时间放入光路中,所以在光路布置中应留出足够的空间余量,便于放入扩束准直元件。

3. 扩束—滤波—准直系统的调整

(1)扩束

让激光细束通过孔屏小孔,在孔屏后适当的位置放置十字刻度尺的白屏。调节白屏的位置使激光束射到十字刻度的中心点上。扩束镜置于孔屏和白屏之间的适当位置。调节扩束镜的"旋转"、"俯仰"方向的微调旋钮,使由扩束镜反射回来的自准直像点刚好进入孔屏小孔。而扩束后的光斑成为一个以白屏中心点为中心平滑的高斯型光斑。

(2)滤波

针孔滤波器的主要作用是滤去扩束镜上的灰尘等脏物所引起的衍射光,这些衍射光使光束的光斑不均匀,出现许多环状衍射结构(牛眼噪声),从而对处理结果或全息图带来不好的影响。在实验中常在扩束镜的后焦点上放置针孔滤波器对光束进行空间滤波,以改善光束质量。如果扩束镜没有像差,也不存在灰尘的衍射,其后焦点上会聚光点的直径是很小的,从空间频谱的概念出发来考虑,这相当于光斑的零级成分,而光斑中那些不均匀的部分如各种环状衍射结构,对应于光束的高空间频率成分,这些将出现在凸透镜后焦点所在平面远离焦点的地方。如果把直径很小的针孔置于焦点,只让零频成分通过,而高频成分不能通过,则在孔后的光场将非常均匀,对应于高频成分的牛眼即行消失。由频谱分析知道,激光质量不太差,扩束镜的灰尘又不太严重的情况下,光束的能量绝大部分集中在均匀分布的零级上,而那些于不均匀的高频成分所占的能量在总能量中的比例是非常小的。因此,在正确使用针孔滤波器的情况下,既可改善光斑质量,又不会降低光场光强,即没有明显的能量损失。但是如果扩束镜质量过差,或所用针孔直径过小,以致零频会聚点直径大于所使用针孔的直径,那么使用针孔之后光强将有明显的下降,光能损失的多少依赖于两者对应的面积差。

为了获得质量优良的光束,同时又不让光能损失太多,应选用孔径合适的针孔滤波器进行空间滤波。针孔是置于扩束镜后焦点处的,其孔径应等于后焦面上衍射中心艾利斑直径,即针孔直径

$$d=\frac{1.22\lambda}{D}f_0。 \tag{1.8}$$

式中 f_0 为扩束镜的焦距,D 为扩束镜上激光束的实际通光孔径。

激光束的能量为高斯型分布,由于高斯光束的束腰宽度决定了激光束存在一个平均发散角,这一发散角将使聚焦光斑的面积增大,因此通常滤波孔径直径 d 应按式(1.9)计算。

$$d=\frac{2\lambda}{D}f_0。 \tag{1.9}$$

实际上,为了不使光能损失太多,通常采用直径为 $15\sim20~\mu m$ 的针孔滤波器。由于针孔很小,因此针孔滤波器的调整要耐心、仔细、缓慢,针孔滤波器要放置在能够五维调节的支架上,便于调整。

图1.42所示为针孔调整的示意图。

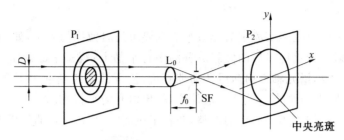

图 1.42 针孔调整示意图

在加入针孔滤波器之前,应首先调好扩束镜。在扩束镜后放一白屏,前后移动白屏找到扩束镜的后焦点,将针孔滤波器置于扩束镜的后焦点上,使针孔尽可能的置于焦点处。在针孔后放上白屏,微调针孔平面的微调旋钮,在白屏上观察从孔里透过的光到最强为止,此时整个针孔边缘发亮。若看不到从针孔透过来的光,则表明针孔不在光场之内。可采用离焦法使针孔沿光轴方向远离焦点位置移动几个毫米再观察。这时由于针孔位于较大的光场中,比较容易将针孔调到光场中心。如果无论怎样调整,仍然观察不到从针孔透过来的光,则应将针孔滤波器取下,用显微镜检查是否小孔堵塞。如果只是被尘埃堵塞,则可用吹气球把尘埃吹掉,若吹不掉,则要进行清洗。

清洗有三种方法:第一,用溶剂-铬酸-蒸馏水腐蚀清洗;第二,置于有机溶剂或蒸馏水中用超声波清洗;第三,用酒精灯火焰烧灼。

当调整到透过光最强的位置时,依次逐个微调 x,y,z 三个方向上的微调旋钮,使针孔向聚焦点靠近,白屏上将出现圆孔衍射的艾利斑,连续微调各个方向,使针孔与焦点重合,艾利斑的中心光斑将越来越大,最后形成均匀亮场,此时针孔处于最佳位置。由于越接近最佳位置就越容易失调(光屏上突然完全无光),故调节要细心、耐心、仔细。微调只能一个一个方向进行,不能两个方向同时调整,且尽可能不要调节过头,尽量避免大范围的乱调,要随时调整随时检查,尽快调出最佳状态。

(3) 准直

理论上说,只要准直透镜的前焦点与扩束镜的后焦点重合,扩束镜和准直透镜同轴,则透过准直透镜的光为平行光。一般准直透镜使用口径较大,焦点较长的胶合透镜,这样可以获得截面较大,像差较小的光束。

调整时首先将准直透镜放入扩束的光路中,透镜的中心高度与光束的高度一致(在等高同轴调整中调整完成),曲率半径较大的一面对准扩束镜,使球差最小。移动准直透镜的前后位置,使其前焦点大致与扩束镜的后焦点重合,出射光应为准直光线。

在实际调整过程中,也可先将准直镜安放到位,然后调整扩束镜的位置获得准直光线,扩束镜的最后加入,有利于整个系统的等高同轴调整。

检验光束平行性的方法常用的有两种:自准直法和剪切干涉法,在没有任何辅助设备的情况下,也可用一块白屏承接从准直透镜出射的光束,测光斑直径,沿光轴方向前后调节准直镜与扩束镜的距离,直到在 5 m 内光斑直径基本相等,可近似认为此时出射的光为平行光束。

① 自准直法

在准直透镜后安放一面反射镜,反射镜与系统等高同轴,沿光束传播方向,前后轴方向移动准直透镜,直到从反射镜反射回来的自准直像落在针孔表面,并与针孔重合。

②剪切干涉法

剪切干涉法是信息光学实验中对光束平行性要求高时使用的方法,如图 1.43 所示。将被测光束倾斜投射到准直透镜后的倾斜放置的平行平晶上,观察平晶两个表面反射光重合部分的剪切干涉条纹,沿光轴方向前后移动准直镜,使干涉条纹渐渐由密变疏,直到条纹最宽或成均匀光为止,此时准直透镜处于最佳位置,出射光为平行光。

剪切干涉法只能用于相干光束的调整,非相干照明时,可用自准直法调整。

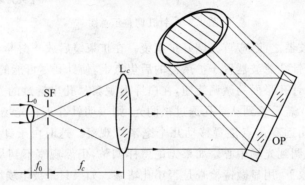

图 1.43 剪切干涉法调准直示意图

4. 焦平面位置的确定

在信息光学实验中,经常需要把某些元件精确地调整到会聚点或焦点上,因此必须确定会聚点或焦点的位置。通常最简单直观的方法是在透镜后面放置一块毛玻璃屏或白屏,用人眼观察其上会聚光斑最小时,即认为毛玻璃所在位置为焦点或者会聚点的位置。这种方法比较简单,但是也比较粗糙。要方便准确地确定焦平面位置,可以利用激光散斑的特性。激光散斑是指激光束照射到漫射物体上时,漫射物体上的每一个点都可以作为一个次级波源,由它们射出的次级波在空间中相遇相干,得到的稳定的颗粒状随机分布的干涉结果,就是激光散斑。激光散斑法确定焦平面的方法如下:

激光光束(可以是非平行光束)通过透镜后会聚一点,在会聚点附近放置毛玻璃,在毛玻璃后放置一块白屏,在白屏上可以很方便地观察会聚光斑在毛玻璃后形成的散斑结构,根据激光散斑的理论,散斑颗粒的直径 d 满足下述关系,即

$$d = 1.22 \frac{\lambda l}{D} \tag{1.10}$$

式中 λ 为激光波长,l 为毛玻璃与屏之间的距离,D 为毛玻璃上会聚光斑的直径。

由式(1.10)可见,当毛玻璃与白屏间距离 l 不变时,散斑颗粒的直径 d 与会聚光斑的直径 D 成反比。当 D 最小时,d 最大,即散斑颗粒最粗。因此,当改变透镜与毛玻璃之间的距离时,屏上散斑颗粒最粗的情况是最好的会聚,此时毛玻璃所在位置即为会聚点的位置。如果从透镜入射的是平行光束,则毛玻璃所处的平面即为焦平面,透镜与毛玻璃的距离即为透镜的焦距,利用上述原理,当已知透镜的焦距值时,也可以用来监测激光束的准直性。方法是把毛玻璃固定在透镜的后焦面处,其后放置一块白屏,调整入射角的平行性,当屏上散斑颗粒最大时,表明焦平面上的会聚光斑最小,此时入射光准直性最好。这种方法非常有效,且具有很高的精度。

5. 用毛玻璃代替扩束镜实现扩束

用激光照射一片毛玻璃后形成广阔的散射光场,利用它来代替全息照明记录时的参考光束是不可取的,但是在特殊情况下用它作为照明物体的光和再现时的参考光都是可以的。在全息照相记录时,若被拍摄物较大,用扩束镜不能充分照明时,可用一块毛玻璃代替。由毛玻璃片后散射出的光照明物体。由于激光束通常很细,为使被照物上的散射颗粒不至过粗,可用任意透镜使细光束扩展,而后再照到毛玻璃片上,这个扩展的光束几乎没有什么质量要求,只要在毛玻璃上的光斑能有 10 mm 左右的直径,那么物体上的照明将会有足够的光滑了。这种方法比起用扩束镜来说光能利用率低了一些,但若激光器功率较大时这不太重要,只要使达到干板处的物光与参考光之比适当即可。

再现时用毛玻璃代替扩束镜只是一个应急的方法。实验者一手拿毛玻璃放入激光束中,另一手拿全息图,放在毛玻璃后的散射光场中,可以很方便地改变观察方向观察虚像。但这对再现质量较差,有明显的散斑结构。

6. 偏振效应的调节

由于种种因素的影响,任何激光器都不能完全保证全息记录时的两束光偏振方向绝对相同,因此应该考虑偏振效应。在记录漫反射物体时,偏振效应影响很小,因为这时物体上所散射的光基本是随机偏振的,结果总有一些成分与参考光的偏振方向相同,但在某些情况下,物体的反射光不是随机的,且可能与参考光的偏振方向垂直,使记录遭到失败。可用一块偏振片对这种情况进行判断,在转动偏振片的同时观察参考光束和被照明的物体,每一光束的光强都随偏振片的方位不同而变化。若两光束在大致相同的方位变弱或物体的散射在任何角度上都完全不变,则记录中偏振效应的影响就不大。如果存在偏振问题可用下述方法校正:

(1)改变物体表面的性质(涂饰);

(2)转动物光或参考光的偏振面使之在同一方向上偏振(在任一光束中插入一个半波片,并使其转动直到用一块偏振片实验时每一束光的消光角相同为止)。

1.4 干板处理技术

在信息光学实验中,经常用氦氖激光器作为光源,用银盐干板作为记录介质,因此本节对干板的处理技术进行专门的介绍。

一、全息干板的裁、夹方法

由于通常实验室购入的全息干板是大片封装的,因此要先进行裁切之后才能在实验中使用。裁切过程是在暗室中完成的,根据全息干板的感光特性,暗室中可以使用安全灯进行适当的照明。例如,在裁切天津Ⅰ型全息干板的时候,可以打开绿色的安全灯。如果干板特性不允许有安全灯照明,则裁切需要在完全黑暗的环境中完成。

全息干板的一面是玻璃基片,另外一面是乳胶药膜面,玻璃基片的手感光滑,而乳胶面手感发涩。把干板从暗袋中取出后,用手在干板边沿上触摸,判断出基片面和乳胶面后,用金刚刀在干板的玻璃面上划裁,有划裁的时候声音比较清脆。划裁后,用手轻掰干板分开。

将裁切好干板的玻璃面与乳胶面相对叠放好,然后装在暗袋里,完成全息干板的裁切。为了便于裁出整齐而尺寸合适的干板,应备有不同宽度的木条。

装夹干板时,应使乳胶面对着激光束,避免在干涉时产生多次反射,增加全息图的噪声。记录反射全息图时,要注意有些银盐干板背面有防晕层,应先除去防晕层。

二、干板处理技术

干板处理包括常规处理和特殊处理两种工艺。常规处理包括显影、停显、定影、水洗、干燥等步骤,特殊处理包括预硬化处理、反皱缩处理和漂白处理等。

1. 常规处理

(1) 显影

干板曝光后,照射光的能量使乳胶中的卤化银解析出金属银粒子,这些银粒子散布在乳胶中,并随曝光量的增加而增加,形成不可见的潜像。显影过程中,在解析出金属银粒子的地方形成还原中心。还原中心的银起着加速还原的催化作用,是大量的卤化银还原成金属银。因此,经过曝光的卤化银的还原反应比未经过曝光的卤化银的还原反应要快得多,正是利用这种反应快慢的差别,才有可能得到与物相似的影像。

常规显影为使用 D19 显影液,显影 30 s~2 min(20±1℃)、水洗 30 s。D19 是硬调显影剂,适合一般振幅型全息图。对于傅里叶变换全息图、像面全息图,由于全息图上光强分布差别较大,用 D19 显影很难得到线性记录,从而影响衍射效率,可采用软调显影剂。如将 D76 显影液加水 2~10 倍稀释使用,显影时间相应延长为 10~15 s。

(2) 停显

一般用水冲洗 20~30 s 即可停显,但最好使用停显液。停显液常用冰醋酸的稀释液,由于停显液是酸性,能中和显影液的碱性,可防止显影过度、显影不均或产生灰雾等弊病,而且还可大大减少由于将显影液带入定影液中而引起的二色性灰雾,即干板上呈现的紫红色或绿黄色。

(3) 定影

定影是将乳胶中的未曝光部分的卤化银和曝光部分残留的卤化银清除掉,使得在经过处理后的干板上,仅仅留下由金属银粒子形成的物体的稳定的影像。

常规定影处理采用 F5 定影液、定影时间 5 min(16~20℃)。

(4) 水洗

水洗的目的是清除附着在全息干板上的定影液和其他杂质,水洗时间必须充分,但也不要过长,避免乳胶药膜膨胀而影响底片质量。一般在流水中冲洗 5~10 min。

(5) 干燥

一般采用自然干燥。有时为了便于及时检查全息图的拍摄效果,使全息图迅速干燥,可将全息图浸入无水乙醇中 1 min,脱水后取出用吹风机吹干,但注意不要用热风挡,用定型风挡即可。这样还可清除乳剂中残留的敏化染料。

2. 特殊处理

为了保证全息图记录的保真度,从而获得高质量、无噪声的再现象,在干板处理过程中必须小心,避免出现全息图记录的畸变。如果在处理时发生金属银粒子的横向运动、明胶的非均匀柔化引起的虚假的表面网状、乳胶厚度的变化等,都会影响再现波前的相位并反映为背景噪声和再现象中的虚假散射。这些效应可用特殊处理使其减至最小。

(1) 预硬化

为使明胶表面均匀硬化,从而在后面的处理中使影像的移动、表面网状和乳胶脱落等瑕疵减至最小,可将曝光后的干板浸在 SH5 或类似的甲醛、明矾溶液中进行预硬化。

(2) 反皱缩处理

将制备好的全息图浸在三乙醇胺中,使其乳胶层膨胀到记录时的厚度为止。三乙醇胺的浓度与全息图的黑度有关,黑度在 0.5 时用 7.5%。另一方法是将已经皱缩的全息图经甲醇溶液浸泡后再在异丙醇中浸泡处理。

(3) 漂白处理

漂白是把振幅全息图转变为相位全息图,从而提高衍射效率。漂白时将全息图浸泡在漂白液中轻轻晃动,直到全息图上的黑色全部褪尽为止。漂白后需要水洗 10 min。

相位全息图有两种:折射率型相位全息图和浮雕型相位全息图。折射率型相位全息图是将振幅全息图吸收系数的空间变换转换为乳胶中相应折射率的变化,而记录介质厚度不变,因折射率变化而引起光程变化,从而引起相位变化;浮雕型相位全息图是将振幅全息图吸收系数的空间变化转换为被漂白乳胶厚度的相应变化,形成浮雕结构,而折射率保持不变,由于记录介质厚度变化,折射率不变,从而引起相位变化。对于折射率型相位全息图,常采用铬漂白液、铁漂白液,对于浮雕型相位全息图,则常用重铬酸钾漂白液,铬酸漂白液和 R-10 柔化漂白液,漂白后要在定影液中定影,以消除卤化银。也有免定影漂白工艺。

除了常规的漂白处理之外,还有反转漂白法,这种方法是把曝光部分黑化的银去掉,使未曝光部分的银盐留下从而得到位相全息图。由于通过显影液 SD48 使银附近的明胶产生胶联反应,因而防止了收缩。另外,因未曝光部分存在着银盐,同样也不收缩,所以这种方法还可减少散射。

3. 常用药液配方

(1) 显影液。常用显影液配方见表 1.3。

表 1.3 常用显影液配方

显影液	D19	D72	D76
蒸馏水(约 50 ℃)	500 mL	500 mL	750 mL
米吐尔	2 g	3 g	2 g
无水亚硫酸钠	90 g	45 g	100 g
对苯二酚	8 g	12 g	5 g
无水碳酸钠	48 g	73 g	
溴化钾	5 g	2 g	
硼砂(粒状)			2 g
加蒸馏水到	1 000 mL	1 000 mL	1 000 mL

(2)停显、定影液配方。常用停显、定影液配方见表 1.4。

表 1.4　常用停显、定影液配方

F5 定影液		SB1 停显液配方	
蒸馏水(约 50℃)	600 mL	蒸馏水	1 000 mL
硫代硫酸钠	240 g	冰醋酸	13.5 mL
无水亚硫酸钠	13.5 g		
(铝)钾矾	15 g		
加蒸馏水到	1 000 mL		

(3)预硬化液配方。SH5 预硬化液配方见表 1.5。

表 1.5　SH5 预硬化溶液配方

溶液 A		溶液 B	
无水硫酸钠	50 g	30%甲醛溶液	5 mL
无水碳酸钠	12 g		
0.5%苯并三唑溶液	40 mL		
加蒸馏水到	1 000 mL		

使用前将溶液 B 倒入溶液 A 中搅拌均匀。

(4)常用漂白液配方。形成折射率型全息图的漂白液主要有铬漂白液、铁漂白液、溴化铜漂白液、氯化汞漂白液,干法漂白有溴蒸气漂白,溴蒸气漂白方法是将做好的全息图放在密闭的盛有溴蒸气的容器中。由于溴蒸气对人的肌肉、粘膜有害,操作时应特别注意。这种漂白后的平面全息图衍射效率可达 20%以上,体积全息图漂白后衍射效率可达 75%以上。

①几种施法漂白的漂白液配方见表 1.6~1.9。

表 1.6　铬漂白液(改进的 R10 漂白液)配方

溶液 A		溶液 B		方法
重铬酸铵	20 g	氯化钠	45 g	将 1 份 A 溶液,1 份 B 溶液及 10 份蒸馏水混合。漂白时间为 3~5 min。可用硫酸氢钠溶液消除乳胶中的多余重铬酸盐
浓硫酸	14 mL			
加蒸馏水到	1 000 mL	加蒸馏水到	1 000 mL	

表 1.7　铁漂白液配方

铁氰化钾漂白液		溴化物－铁氰化物漂白液	
铁氰化钾	15 g	铁氰化钾	15 g
		溴化钾	15 g
加蒸馏水到	1 000 mL	加蒸馏水到	1 000 mL
方法:用未稀释溶液,漂白时间 5 min。		方法:用未稀释溶液,漂白时间约 4 min。	

表 1.8　溴化铜漂白液

溴化铜	60 g
加蒸馏水到	1 000 mL

方法:用未稀释溶液。漂白时间 5~10 min。

表 1.9　氯化汞漂白液

氯化汞	9 g
溴化钾	4 g
加蒸馏水到	400 mL

方法:用未稀释溶液。这种漂白可防止由银变为卤素银后颗粒变大。

②形成表面浮雕型全息图的漂白液配方见表 1.10～1.12。

表 1.10　重铬酸钾漂白液

重铬酸钾	19 g
溴化钾	28 g
铁氰化钾	19 g
醋酸	5 mL
明矾	25 g
加蒸馏水到	1 000 mL

方法:漂白过的全息图在定影液中定影,以消除卤化银。

表 1.11　铬酸漂白液

铬酸	20 g
氯化钠	50 g
亚硫酸钠	1 g
加蒸馏水到	1 000 mL

方法:漂白过的全息图经定影消除卤化银,该配方中的亚硫酸钠使漂白速率减慢,但能产生更好的浮雕。

表 1.12　R-10 柔化漂白液

溶液 A		溶液 B	
重铬酸铵	20 g	氯化钠	45 g
浓硫酸	14 mL		
加蒸馏水到	1 000 mL	加蒸馏水到	1 000 mL

方法:将 1 份 A 溶液和 1 份 B 溶液混合使用,漂白过的全息图经定影消除卤化银。

(5)反转漂白法处理方法及相应配方。反转漂白法的处理方法是,首先在 SD48 显影液中显影 5 min,之后在 SB1 停显液中停显 15 s,流水冲洗 1 min,然后在 R9 漂白液中漂白大约 3 min,再次流水冲洗 5 min,之后在 S13A 和 S13B 溶液清洗液中浸泡 1 min,水洗 5～10 min,干燥后即可获得反转漂白的全息图。相关的溶液配方见表 1.13～1.15。

表 1.13　R9 漂白液配方

蒸馏水	1 000 mL
重铬酸钾	9.5 mL
浓硫酸	12 mL

表 1.14　SD48 显影液

A 溶液		B 溶液	
蒸馏水	750 mL	蒸馏水	750 mL
无水亚硫酸钠	8 g	氢氧化钠	20 g
对苯二酚	40 g	无水亚硫酸钠	100 g
无水硫酸钠	100 g		
加蒸馏水到	1 000 mL	加蒸馏水到	1 000 mL

使用前使 A:B=1:1 混合,显影时间 5 min。

表 1.15 S13 清洗液配方

A 溶液		B 溶液	
蒸馏水	750 mL	蒸馏水	750 mL
过锰酸钾	2.5 g	亚硫酸氢钠	10 g
浓硫酸	8 mL		
加蒸馏水到	1 000 mL	加蒸馏水到	1 000 mL

三、杂散光的处理

杂散光会给全息图的质量带来影响,必须尽量消除。首先要查找杂散光的来源,在放置全息干板的位置处放一白屏,分别挡着物光和参考光观察白屏上光分布的情况,找出杂散光,用白纸顺杂散光沿光传播的逆方向移动白纸找到杂散光的来源,进行调整消除。如果在允许范围内调节后杂散光仍不能离开全息干板,则需要用黑屏将杂散光挡去。要注意黑屏尺寸不宜太大,不能影响到物光或参考光。

四、参考光和物光光束比的选择

参考光和物光的光强比在一般情况下,由于物光动态范围较大,为了产生预定的偏置曝光量,都是使参考光的光强大于物光光强。特别是拍摄三维物体时,如果物光过强时,由于散斑效应,在全息图表面上会形成随机起伏的像,如果是相位全息图,这将成为散射的因素。

通常参考光和物光的光强比在 2∶1~10∶1 的范围内为宜,过大时会使衍射效率降低。但对于另一些全息图,物光和参光强度比就必须视具体情况而定。例如,制作全息光栅、全息透镜等光学元件时,光强比最好是 1∶1,而单次曝光的全息干涉实验的光强比最好是 3∶1。

五、正确曝光

要确定正确的曝光量,对所用的干板应测定其特性曲线,找出线性记录曝光范围。然后根据全息图的类型选取平均曝光量,从而确定出合适的曝光时间。在曝光过程中,要保持环境的安静稳定,干板装、夹好后,操作者应先离开全息台稳定 1 min 后再曝光。若连续几次曝光,中间均应有稳定时间。曝光时间内的稳定情况直接关系到全息记录的成败,特别是几个实验台在同一房间内,学生人数较多的情况,更需要加倍注意这一点。

六、全息像拍摄的方法

将全息像拍摄为普通照片,首先要将完成正确再现,得到最清晰明亮的再现像。此时应将全息图放在记录时的位置上,使其乳胶面方向与记录时一致,如果全息图放置方向相反,仍可以观察到再现像,但是两次反射会在照相像面上形成两个略微错开的像,使拍摄清晰度下降。对焦时应将光圈开大。要获得优质的拍摄结果,减小散斑因素影响很关键,这时可将相机后撤以扩大景深。

特别要强调一点,就是为了成功地将全息图的再现像进行普通照相,在记录全息图时就应事先考虑到如何使普通照相易于进行。因为照相机离开物体最近的距离只能到干板,所以如果是小物体,为了拍摄较大的照片应尽量放在靠近干板的地方。而对于离轴全息图,参考光束和物光束之间的夹角应足够大,以免零级光在照片上出现或引起杂散光。

第 2 章 基础篇——验证性实验

全息技术从根本上讲,可归结为八个字:"干涉记录,衍射再现"。全息照相实际上是以干涉条纹的形式直接记录物光光波本身。在本章的实验一和实验二,首先介绍迈克尔逊干涉实验和马赫-曾德干涉实验,它们是全息和信息处理中最基础的实验。在实验中通过并不复杂的调试,这两个实验就会把干涉条纹直截了当地呈现在初次做信息光学实验的实验者眼前,让实验者很快地熟悉双光束干涉现象。

众所周知,全息图上记录的干涉条纹可达 10^3 线对/mm 的数量级,而曝光期间干涉条纹对干板的位移若大于 1/2 条纹间距时,记录就会失败,所以检查全息仪防震功能是非常重要的。迈克尔逊干涉实验和马赫-曾德干涉实验可以很方便、很出色地完成这项工作。

同时,通过对这两个基本干涉光路的调节,对全息和信息处理实验光路的设计、调整,是一个十分重要的训练。

实验一 迈克尔逊干涉实验

一、实验目的

1. 掌握激光全息仪的光学调整技术。
2. 熟悉双光束干涉现象。
3. 学会应用迈克尔逊干涉实验检查全息仪防震台系统的防震性能(包括隔振性能与消震性能)。
4. 对"相干长度"的概念有一初步的认识和了解。

二、实验原理

迈克尔逊干涉仪是用分振幅法产生双光束来实现干涉的仪器。从图 2.1 可以清楚地看出,从激光器出射的激光束经过全反射 M_2 再经 BS 透射后和扩束镜 C 扩束形成球面波;透射光经过全反镜 M_3 反射再经 BS 反射也由扩束镜 C 扩束形成球面波。两束球面波满足相干条件,在其重叠的波场中发生干涉。由于实验中使用的全息仪器系统是采用单个光学元件的组合式结构,光学元件由实验者按设计的光路在防震台上自行摆放,很难保证 M_2 与 M_3 绝对垂直,所以双光束在屏 S 上的干涉花样很难是以 P 点为圆心的同心圆环,在大多数情况下,干涉花样都为略微弯曲的明暗相间的等距条纹。当调节全反镜 M_2 或 M_3 使其作水平旋转从而改变两束光的夹角时,会观察到干涉条纹的间距发生变化;当沿光轴方向移动反射镜 M_2 或 M_3 改变光路中任一臂的长度,即改变两束光的光程差时,条纹的对比度随之而变,可仔细调节获得最佳的条纹对比度;人为地制造一些震动,干涉花样的清晰度将不能很好地保持。

三、实验光路

实验光路如图 2.1 所示。

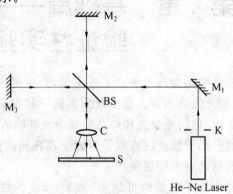

图 2.1 迈克尔逊干涉光路

四、实验仪器

He-Ne Laser：氦氖激光器；M_1、M_2、M_3：全反射镜；BS：50%分束镜；C：扩束镜（40×）；S：白屏；另：孔屏、尺、干板架等。

五、实验步骤

1. 点燃机关器，利用孔屏调整由激光器出射的激光束与工作台面平行。用自准直法调整各光学元件的表面与激光束的主光线垂直。

2. 按照图 2.1 的光路依次放入光学元件。调整光路的过程中应注意以下几点：

（1）全反射镜 M_2 与 M_3 应力争互相垂直。

（2）干涉光路中的两臂长（M_2、M_3 到 BS 的距离）应相等，使光程差为零。

（3）先不放扩束镜进光路，用白屏接着两束光反射回来的多个光点，选择强度相近的两个光点（每束光一个），调节 M_2 或 M_3 的"旋转"、"俯仰"旋钮使二光点重合相干，再在相干区放入扩束镜。

3. 把白屏放在两波重叠的波场中，可接收到干涉条纹。

4. 观察屏上的干涉花样及变化。

（1）在白屏上观察干涉花样的间距，微调 M_2 或 M_3 的"旋转"旋钮改变两束光的夹角。观察干涉条纹间距的变化情况，可以看到当微调 M_2 或 M_3 使两束光沿水平方向稍微分开时，干涉条纹间距由大变小。熟悉双光束干涉现象。

（2）改变光路中一臂的长度，观察干涉条纹对比度的变化，直到条纹消失，此时臂长的改变量为 ΔZ，则 $2\Delta Z$ 为激光器的实际相干长度。通过实验，对"相干长度"的概念有个感性的认识。

（3）用手轻轻按一下防震台面，或触摸一下台上的光学元件支座，观察干涉花样怎样由清楚到模糊，又怎样由模糊到清楚，测定条纹清晰度恢复所需的时间，可了解防震台的消震性能（一般应在 5 s 内恢复）。

（4）在防震台周围走动、跳跃或用手在迈克尔逊干涉仪光路的一臂中扰动空气，观察干涉花样清晰度的变化并测定条纹清晰度恢复所需的时间,可了解工作台的隔震性能(一般应在3 s恢复)。

(5) 观察条纹在没有自身冲击和外界干扰的情况下,条纹漂移情况。一般说来,5 min以上漂移一条才行。

利用第4步中的(3)、(4)、(5)三点,可以很方便地利用迈克尔逊干涉实验来检查全息仪防震台系统的防震性能,这在以后的全息和光信息处理实验中都将成为不可缺少的一步。

六、问题与讨论

本书中的迈克尔逊干涉实验和物理光学中的迈克尔逊干涉实验有着完全不同的实验目的和内容。现代光学中的迈克尔逊干涉实验不是使用装配、调试完好的现成仪器,而是用全息仪积木式的单个光学元件,自行设计、拼搭、调整光路;用激光光源代替了原来的面扩展光源,更重要的是实验目的不再是为了获得并观察典型的等倾条纹,而是利用这个实验来检查防震台的防震特性。

1. 本实验中选用透、反比为50%的分束镜将一束光分为两束,是因为:
(1) 使两束强度相等,才能产生干涉。
(2) 为了得到清晰度最好的干涉条纹。
(3) 为了得到最佳对比度的条纹。
(4) 为了条纹间距最大,容易观察。
上面4种说法,哪一种是正确的?

2. 为什么在进行全息和信息处理实验时,严禁在防震台附近走动、触摸防震台及上面的元件、大声说话?

3. 什么叫"相干长度"?它和激光器的时间相干性有什么关系?它的大小取决于什么?

实验二　马赫-曾德干涉实验

一、实验目的

1. 掌握全息仪的光学调整技术,着重学会扩束、准直的基本方法,通过实验能熟练获得平行光。

2. 熟悉双光束干涉现象,对两束平面波产生的干涉条纹有一个感性认识。

3. 学会用马赫-曾德干涉实验检查全息仪防震台系统的防震性能(包括隔震性能与消震性能)。

4. 对"相干长度"的概念有一个初步的认识和了解。

二、实验原理

马赫-曾德干涉仪是一种用分振幅法产生双光束以实现干涉的仪器。如图2.2所示,它主要由两块50%的分束镜 BS_1、BS_2 和两块全反镜 M_1、M_2 组成,四个反射面相互平行,中心光路构成一个平行四边形。扩束镜C和准直镜L共焦以后产生平行光(为了提高平行光的质量还可以在扩束镜C和准直镜L的公共焦点处加上针孔滤波器E,在C和L间适当位置加入光栏 D)。平行光射到 BS$_1$ 上分成两束,这两束光经过 M$_2$、M$_3$ 反射在 BS$_2$ 上相遇发生干涉,在 BS$_2$ 后的白屏(或毛玻璃屏)P 上可以观察到干涉条纹。如条纹太细,可以用显微镜接收。可以看到,此时的干涉条纹为等距直条纹,如果用记录介质(全息干板)放在干涉场中,经曝光暗室处理后就能得到全息光栅。与迈克尔逊干涉仪的情况一样,当改变两束光的夹角时,干涉条纹的间距会发生变化;当改变其中一束光的光程时,条纹对比度随之而变;当人为地制造一些震动时,干涉花样的清晰度将不能和很好地保持。这几点是我们感兴趣的,将从这里受到启示去达到这个实验的几个目的。

三、实验光路

实验光路如图 2.2 所示。

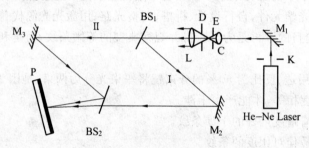

图 2.2 马赫-曾德干涉光路

四、实验仪器

He - Ne Laser:氦氖激光器;M$_1$、M$_2$、M$_3$:全反射镜;C:扩束镜(40×);L:准直透镜;BS$_1$、BS$_2$:50％分束镜;E:针孔滤波器;D:光栏;P:白屏;另:孔屏、尺、干板架等。

五、实验步骤

1. 点燃激光器,调节激光器输出的光束与工作台面平行,用自准直法调整各光学元件表面与激光束主光线垂直。

2. 调平行光:在 M$_1$ 后面适当位置放入准直透镜 L,微调透镜 L 的 Z 轴方向微调旋钮("旋转"旋钮及"俯仰"旋钮),使激光束垂直入射在 L 的光心上,实现共轴调整,此时可在 L 前后看到一系列光点和激光束主光线在同一直线上,无一光点发生偏离。在 L 和 M$_1$ 之间放入扩束镜 C,使 C 和 L 之间的距离大约为 C 和 L 的焦距之和,在 C 后放一白屏,微调 C 的"旋转"、"俯仰"旋钮,使扩束后在白屏上得一均匀的高斯斑并且使 C 和 L 共轴;沿光轴方向微调 C,改变 C 和 L 之间的距离,使扩束准直后的光斑直径在较长距离(几米)内不发生变化,即得到平行光。也可用平行平晶来检查平行光,在准直透镜 L 后放入平行平晶,让它前后两个表面反射的两束光射在白屏上,其重叠部分出现剪切干涉条纹,沿光轴方向微调扩束镜和准直透镜之间的距离,观察干涉条纹疏密的变化情况直到条纹间距最大时为止。此时由准直镜出射的为平行光。

3. 按照图 2.2 的光路依次放入 BS$_1$、M$_2$、M$_3$、BS$_2$,使其中心光线构成一个平行四边形。从准直透镜出射的平行光射在 BS$_1$ 上被分成两束,反射的一束光经过全反射镜 M$_2$ 反射后射到 BS$_2$ 后表面上然后透过 BS$_2$ 到达屏 P 上,透射的一束光经过全反射镜 M$_3$ 反射后射到 BS$_2$

的前表面上再经 BS₂ 反射后也达到屏 P 上。

4. 调节 M₃ 的"旋转"、"俯仰"调节旋钮,使射到 BS₂ 前表面的光斑与由 M₂ 射到 BS₂ 后表面上的光斑重合。微调 BS₂ "旋转"、"俯仰"调节旋钮,使白屏上的两个光斑重合,可在白屏上观察到两束平面光产生的干涉条纹,如条纹太细,可用显微镜观察。

5. 观察屏 P 上的干涉花样及其变化。

(1) 在白屏上观察平行、等距的直条纹的间距,微调 M₂ 或 M₃ 的"旋转"旋钮改变两束光的夹角观察干涉条纹间距的变化情况,可以清楚地看到夹角增大时,条纹间距由大变小,反之亦然。

(2) 改变 M₃ 的位置实现改变干涉仪一臂的臂长,可看到干涉条纹的对比度发生变化,当臂长改变量为 ΔZ 时条纹消失,则 $2\Delta Z$ 为激光器的实际相干长度。对"相干长度"的概念有一个感性的认识。

(3) 用手轻轻按一下防震台面,或触摸一下台上的光学元件支座,观察干涉花样怎样由清楚到模糊,又怎样由模糊到清楚,测定条纹的清晰度恢复所需的时间,可了解防震台的消震性能(一般应在 5 s 以内恢复)。

(4) 在防震台周围走动、跳跃、或用手在马赫-曾德干涉光路的一臂中扰动空气,观察干涉花样清晰度的变化并测定条纹清晰度恢复所需的时间,可了解防震台的隔震性能(一般应在 3 s 内恢复)。

(5) 观察条纹在没有自身冲击和外界干扰的情况下,条纹漂移情况。一般说来,5 min 以上漂移一条才行。

利用第 5 步中的(3)、(4)、(5)三点,可以很方便地利用马赫-曾德干涉实验来检查全息仪防震台系统的防震性能。

六、问题与讨论

1. 和迈克尔逊干涉仪相比,马赫-曾德干涉仪具有哪些特点?
2. 平行光的调节中应注意哪些事项?

实验三 泰伯效应的观察与应用

一、实验目的

1. 掌握泰伯效应的原理。
2. 观察泰伯效应。
3. 用莫尔条纹观察泰伯效应。

二、实验原理

设一个周期光栅的透射系数是一个矩形波函数,它的傅里叶级数展开为

$$\tau_x = \tau_0 + \sum_{m=1}^{\infty} \tau_m \cos 2\pi \xi_m x \tag{2.1}$$

式(2.1)中 $\xi_1 = \dfrac{1}{d}$ 为光栅的基频,$\xi_m = m\xi_1$ 为谐频,d 为光栅间距。

设有振幅为 A_0 的单色平面光波垂直照射光栅,沿 z 正方向传播的平面波表达式为

$$A(x,y,z)=A(x,y,0)\exp[jkz(1-\lambda^2\xi^2-\lambda^2\eta^2)^{\frac{1}{2}}] \tag{2.2}$$

透过光栅的复振幅用其频谱(傅里叶级数展开)表示为

$$A(x,y,0_+)=A_0\tau_0+A_0\sum_{m=1}^{\infty}\tau_m\cos 2\pi\xi_m x=$$
$$A_0\tau_0+\frac{1}{2}A_0\sum_{m=1}^{\infty}\tau_m[\exp(j2\pi\xi_m x)+\exp(-j2\pi\xi_m x)] \tag{2.3}$$

式(2.3)中 0_+ 表示刚刚通过光栅以后的情况。$A_0\tau_0$ 是直射光或零级衍射光,m 是衍射级次,方括号中第一项是正衍射级即正频项,第二项是负衍射级即负频项。用 θ 表示第 m 级衍射光的角度,即光栅方程 $d\sin\theta_m=m\lambda$ 可改写为

$$\sin\theta_m=\xi_m\lambda$$

其中 ξ_m 是第 m 级衍射光 x 方向的空间频率分量,各级衍射光的存在与光栅本身含有的频谱成分有关。

由式(2.2)、式(2.3)可知,沿 z 方向传播的衍射波的复振幅可写成

$$A(x,y,z)=A_0\tau_0\exp(jkz)+A_0\sum_{m=1}^{\infty}\tau_m\cos 2\pi\xi_m\times\exp[jkz(1-\lambda^2\xi_m^2)^{\frac{1}{2}}] \tag{2.4}$$

或写成

$$A(x,y,z)=A_0\exp(jkz)\{\tau_0+\sum_{m=1}^{\infty}\tau_m\cos 2\pi\xi_m\times\exp[jkz(\sqrt{1-\lambda^2\xi_m^2}-1)]\} \tag{2.5}$$

由式(2.5)可见两种情况。第一种情况,光栅的空间频率小,因此 $\lambda^2\xi_m^2<1$。方括号中的位相项是虚数,衍射波是传播的。如果光栅的空间频率很小,即 $\lambda^2\xi^2\ll 1$,此时位相项可用二项式定理展开,取一级近似有

$$\varphi_m=kz(\sqrt{1-\lambda^2\xi_m^2}-1)=-\pi\lambda\xi_m^2 z$$

如果令 $\varphi_1=-\pi\lambda\xi_1^2 z=-2n\pi, n=1,2,3,\cdots$,则由于 $\xi_m<m\xi$,故有 $\varphi_m=-2nm^2\pi$,可求出当 $z=\frac{2n}{\lambda\xi_1^2}=\frac{2nd^2}{\lambda}$ 时,式(2.5)变为

$$A(x,y,z)=A_0\exp(jkz)\tau_0+\sum_{m=1}^{\infty}\tau_m\cos 2\pi\xi_m x \tag{2.6}$$

可以看到,除了一个位项因子 $\exp(jkz)$ 外,式(2.6)与式(2.1)相同,因为实际观察到的是强度,位相因子被取消,得

$$I(x,y,z)=AA^*=A_0^2(\tau_0+\sum_{m=1}^{\infty}\tau_m\cos 2\pi\xi_m x)^2$$

当 $x=\frac{2d^2}{\lambda},\frac{4d^2}{\lambda},\cdots,\frac{2nd^2}{\lambda}$ 时,即距离光栅为 $\frac{2d^2}{\lambda}$ 的整数倍数处,重现光栅严格的像,称为傅里叶像,由于避免了透镜系统的像差,自成像的分辨本领相当的高,在这样的距离之间,还能观察到许多像,称为菲涅尔像。它们并不是光栅真正的像,如果用周期性物体代替光栅,上述现象和结论仍成立。

三、实验光路

实验光路如图 2.3 所示。

四、实验仪器

He-Ne Laser:氦氖激光器;M:全反射镜;C:扩束镜;L:准直镜;G_1、G_2:同频率光栅

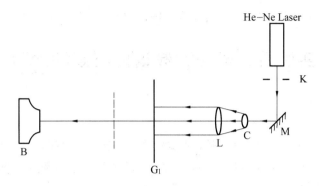

图 2.3 泰伯效应的观察光路

(5～10 线对/mm);B:读数显微镜;另:孔屏、白屏、干板架(可调方向)、毛玻璃等。

五、实验步骤

1. 点燃激光器,调整由激光器出射的激光束与工作台面平行,用自准直法将各光学元件的表面调至与工作台面垂直。

2. 按照图 2.3 所示依次加入光学元件排光路,沿光轴方向调整 C 与 L 的距离,实现二者共焦,从 L 出射的为平行光。

3. 将光栅 G_1 竖直放入准直光场(架在干板架上),光栅面与光轴垂直,光栅的划线方向垂直于光轴。在距光栅为泰伯距离 $z_T = \dfrac{2d^2}{\lambda}$ 的地方,放入测量显微镜,可以观察到严格的光栅像,调节读数显微镜和光栅的距离可以观察到一系列的像:

(1) 当 $z = nT(n=1,2,3,\cdots)$ 时,观察到严格的光栅像和在泰伯距离上观察到的像一样,称泰伯效应傅里叶像。

(2) 当 $z = \dfrac{2n+1}{4}z_T$ 时,观察到倍频菲涅尔像。

(3) 当 $z = \dfrac{2n+1}{2}z_T$ 时,观察到反相(傅里叶)像。

(4) 在 z 为其他距离时观察到的是介于以上典型位置之间的普通菲涅尔像,它和光栅的周期性结构不再有明显的形象联系。

4. 用莫尔条纹观察泰伯效应:在光栅 G_1 后面放上同频率光栅 G_2,G_2 置于可调方向的干板架上,G_2 的光栅面与光轴垂直,通过可调方向的干板架调整 G_2 的方向(在光栅平面内),使 G_2 与 G_1 间有一小的夹角,调节 G_2 与 G_1 的距离,使之等于泰伯距离或泰伯距离的整数倍,使 G_2 与 G_1 间的傅里叶像形成莫尔条纹,微微转动可调方位的干板架,改变 G_1、G_2 间光栅条纹的夹角,可以改变莫尔条纹的空频,在 G_2 面上可清晰地观察到莫尔条纹及其变化,可与直接把 G_1、G_2 重叠形成的莫尔条纹对照比较,加深对"泰伯效应傅里叶像是严格的光栅像"的认识。G_2 能在泰伯距离上与 G_1 的傅里叶像形成莫尔条纹这一点也有力地证明了泰伯效应。

5. 如第 4 步中所述,调整 G_2 与 G_1 之间的距离,使 G_2 上出现清晰的莫尔条纹,为使莫尔条纹更容易分辨,可在 G_2 后适当位置放一毛玻璃 P,沿光轴方向移动 P,使在 P 上观察到更鲜明的莫尔条纹,在 G_2 与 G_1 间放入弱位相物体的火焰,此时在 P 上可清楚地观察到弱位相物体对莫尔条纹的调制。由于弱位相物体对 G_1 衍射光位相调制的结果,屏 P 上莫尔条纹的宽度、分布、方向都有了相应的变化,由此可检验弱位相物体的位相变化。

实验四　傅里叶频谱的观察和分析

一、实验目的

1. 观察各种光栅、图片的傅里叶频谱,加深对频谱概念的理解。
2. 由观察到的频谱判断输入图像的基本特征,理解物分布与频谱函数间的对应关系,进而了解频谱分析的基本原理、方法及各种应用。

二、实验原理

设二维函数 $g(x,y)$,其空间频谱 $G(\xi,\eta)$ 为 $g(x,y)$ 的傅里叶变换,即

$$G(\xi,\eta) = F\{g(x,y)\} = \iint_{-\infty}^{+\infty} g(x,y)\exp[-j2\pi(\xi x+\eta y)]\mathrm{d}x\mathrm{d}y \tag{2.7}$$

而 $g(x,y)$ 则为 $G(\xi,\eta)$ 的傅里叶变换,即

$$g(x,y) = F^{-1}\{G(\xi,\eta)\} = \iint_{-\infty}^{+\infty} G(\xi,\eta)\exp[j2\pi(\xi x+\eta y)]\mathrm{d}\xi\mathrm{d}\eta \tag{2.8}$$

用光学的方法可以很方便地获取二维图像 $g(x,y)$ 的空间频率 $G(\xi,\eta)$。只要在一傅里叶透镜的前焦面上放置一幅透射率为 $g(x,y)$ 的图像,并以相干平行光束垂直照射图像,则根据透镜的傅里叶变换性质,在透镜的后焦面上得到的光复振幅分布将是 $g(x,y)$ 的傅里叶变换 $G(\xi,\eta)$,即空间频谱 $G(x_f/\lambda f, y_f/\lambda f)$。其中 λ 为光波波长,f 为透镜焦距,x_f、y_f 为后焦面(即频谱面)上任意一点的位置坐标。显然,点 (x_f,y_f) 对应的空间频率为

$$\begin{cases} \xi = x_f/\lambda f \\ \eta = y_f/\lambda f \end{cases} \tag{2.9}$$

因此,在后焦面上放置毛玻璃屏,在其后通过放大镜观察频谱,或者在后焦面上放置全息干板将频谱记录下来,如果有条件在后焦面上装置电视摄影机,并将其与电视显示器联结,在荧光屏上就可以显示出图像的傅里叶频谱。如果输入图像很小,衍射屏幕和图像之间距离很远,则在近似满足夫琅和费条件下,也可以不用透镜而直接在屏幕上得到图像的空间频谱 $G(x_f/\lambda z, y_f/\lambda z)$,其中 z 为图像至屏幕的距离。

由于频谱面上的频谱函数 $G(\xi,\eta)$ 是物函数 $g(x,y)$ 的傅里叶变换,因而从实验上得到频谱函数 $G(\xi,\eta)$ 后,即可反过来求出图像的复振幅分布 $g(x,y)$。据此,对图像进行简单分类,也可用于分析图像的结构。比如在森林资源的考察中,根据图像的频谱可以判明哪些地区已经绿化,哪些目前还是荒地,以利更好的规划。

三、实验光路

实验光路如图 2.4 所示。

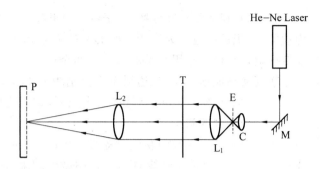

图 2.4 傅里叶频谱观察光路

四、实验仪器

He-Ne Laser:氦氖激光器；C:扩束镜；L_1:准直透镜；M:全反射镜；T:输入图像；L_2:傅里叶变换透镜；P:毛玻璃屏；另:孔屏、白屏、尺、干板架、各种负片、光栅等。

五、实验步骤

1. 按照图 2.4 所示依次加入光学元件排光路。L_1 和 L_2 之间的距离应大于 L_2 的焦距 f。
2. 在 L_2 前焦面附近分别放入各种透明片和光栅，分别观察这些目标的频谱图样。
3. 将目标向 L_2 移动直至贴近 L_2，观察频谱的变化情况，目标在 L_2 和 P 间不同位置频谱有何变化。
4. 用激光细束来直接照射正交光栅，在数米远的屏幕上观察其傅里叶频谱。屏幕与光栅距离增大，观察频谱尺寸怎样变化。

六、问题与讨论

1. 用平行光束垂直照射平行密接触的两块正弦光栅(空频为 ν_1,ν_2)，他们的频谱将是怎么样？如两者正交密接，频谱又如何？
2. 用激光细束直接照射一正弦光栅，光栅在自身平面内平移或转动时，对其频谱有什么影响？

实验五　卷积定理的演示

一、实验目的

形象化地演示两个函数的卷积结果，巩固加深对卷积定理的认识。

二、实验原理

将两个二维图像 $g_1(x,y)$ 和 $g_2(x,y)$ 叠合置于傅里叶透镜 L 的前焦面上，用准直激光束照明，则在 L 的后焦面上观察到傅里叶频谱，该频谱将满足二维卷积定理，即

$$F\{g_1(x,y)g_2(x,y)\}=G_1(\xi,\eta)*G_2(\xi,\eta) \tag{2.10}$$

式(2.10)中 $G_1(\xi,\eta)=F\{g_1(x,y)\}$，$G_2(\xi,\eta)=F\{g_2(x,y)\}$。

式(2.10)表明,两个函数和乘积的傅里叶变换,等于各自傅里叶变换的卷积。

卷积本身概念较为抽象,卷积过程也较为复杂。如果先对求卷积的两个函数做逆变换,相乘以后再进行傅里叶变换就容易得多。用光学的方法求两个函数的卷积时,可以先将待卷积的两个函数的傅里叶逆变换制成透明片,其透射系数分别为 $g_1(x,y)$ 和 $g_2(x,y)$,将两张透明片重叠置于 $4-f$ 系统的输入面上,用单色平行光照明,透射光就是 g_1 和 g_2 的乘积。在频谱面上就得到原来两个函数的卷积。

本实验采用这样的方法来演示两个函数的卷积。将两个空间频率不同的正交光栅重叠在一起(如一个是 10 线对/mm,另一个是 100 线对/mm),用激光细束直接照射,在数米远处就可以看到它们频谱的卷积。我们可以清楚地看到:两个卷积的结果,并不是两个几何图形的叠加,而是一个图形分别加到另一个图形的每一个点上。这就生动的显示出卷积的几何意义。

三、实验光路

实验光路如图 2.5 所示。

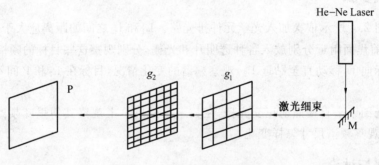

图 2.5 演示卷积定理光路

四、实验仪器

He - Ne Laser:氦氖激光器;M:全反射镜;g_1:10 线对/mm 正交光栅;g_2:200 线对/mm 正交光栅;P:观察白屏。

五、实验步骤

将一块 10 线对/mm 的正交光栅 g_1 和一块 200 线对/mm 的正交光栅 g_2 叠合在一起(或相隔不远),用未扩束的激光细束来照射,在远处屏幕上观察卷积的结果。并与每一块光栅各自的频谱作比较,如图 2.6 所示。

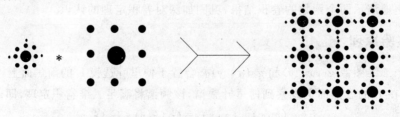

图 2.6 卷积及其结果

实验六　空间滤波

一、实验目的

1. 掌握空间滤波的基本原理,理解成像过程中"分频"与"合成"作用。
2. 掌握方向滤波、高通滤波、低通滤波等滤波技术,观察各种滤波器产生的滤波效果,加深对光学信息处理实质的认识。

二、实验原理

空间滤波是光学信息处理的一种重要技术,阿贝-波特实验是空间滤波的典型实验,它极为形象的验证了阿贝成像原理,是傅里叶变换最基础的实验,阿贝成像原理认为:透镜成像过程可分两步:第一步是通过物的衍射光在透镜的后焦面(即频谱面)上形成空间频率,这是衍射所引起的"分频"作用;第二步是代表不同空间频率的各光束在像平面上相干叠加而形成物体的像,这是干涉所引起的"合成"作用。这两步从本质上讲就是对应两次傅里叶变换。如果这两次傅里叶变换是完全理想的,即信息没有任何流失,则像和物应完全一样。如果在频谱面上设置各种空间滤波器,挡去频谱中某一些空间频率的成分,则将明显地影响图像,这就是空间滤波。光学信息处理的实质就是设法在频谱面上滤去无用信息分量而保留有用分量,从而在图像面上提取所需要的图像信息。

三、实验光路

实验光路如图 2.7 所示。

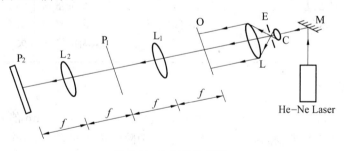

图 2.7　空间滤波光路

四、实验仪器

He-Ne Laser:氦氖激光器;M:全反射镜;C:扩束镜;L:准直透镜;O:物;L_1、L_2:傅里叶变换透镜;P_1:频谱面;P_2:像平面;另:孔屏、白屏、干板架、网格、光栅、各种简单的滤波器等。

五、实验步骤

1. 按图 2.7 所示依次加入光学元件排好光路。在 L_1 的前焦面上放物(钢丝网格),在 P_1 面上的白屏上就呈现网格的傅里叶频谱。取下 P_1 面上白屏,在 P_2 面上就看到网格的像。

2.给出上面几种形式的简单滤波器,分别将这些滤波器放在频谱面上进行滤波,在表2.1中填出相应的结果(按说明栏的要求选滤波器)。

表2.1 空间滤波器结果

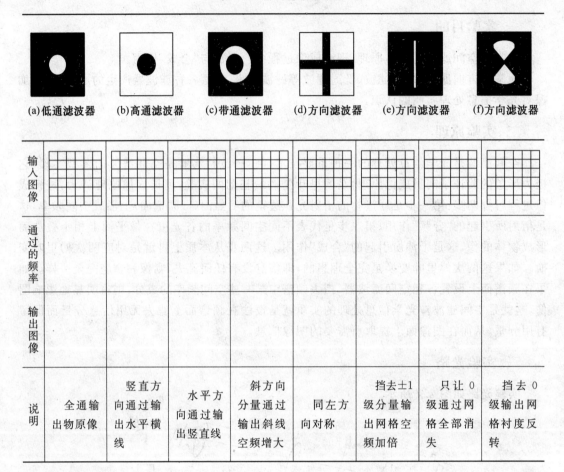

输入图像							
通过的频率							
输出图像							
说明	全通输出物原像	竖直方向通过输出水平横线	水平方向通过输出竖直线	斜方向分量通过输出斜线空频增大	同左方向对称	挡去±1级分量输出网格空频加倍	只让0级通过网格全部消失	挡去0级输出网格衬度反转

六、问题与讨论

1.取一张用135胶卷摄制成的人像底片,将它与一张10线对/mm的光栅重叠在一起,制成一张带有纵栅干扰的物,请设计一个滤波器,消除纵栅干扰,得到一个清晰的输出人像。

2.运用所学的理论知识,解释表2.1所得的实验结果。

实验七 低频全息光栅

一、实验目的

1.掌握空间频率较低的全息光栅的原理及制备方法。
2.制作"空间滤波"实验需要用的低空频矩形全息光栅。
3.能对制作好的全息光栅进行检测,总结全息光栅的特点,与普通刻画光栅进行比较。

二、实验原理

在全息干板上记录两列有一定夹角的平面波的干涉条纹,经显影、定影等处理后就得到全息光栅。低空频的全息光栅可以采用马赫-曾德干涉仪的光路来制作,如图 2.10 所示。它主要由两块 50% 的分束镜 BS_1、BS_2 和两块全反射镜 M_2、M_3 组成,四个反射面互相平行,中心光路构成一个平行四边形。扩束镜 C 和准直透镜 L 共焦以后产生平行光(为了提高平行光的质量还可以在扩束镜 C 和准直镜 L 的公共焦点处加上针孔滤波器 E,在 C 和 L 间适当位置加入光栏 D),平行光射到 BS_1 上分成两束,这两束光经过 M_2、M_3 反射后在 BS_2 上相遇发生干涉,在 BS_2 后面的白屏(或毛玻璃屏)P 上可观察到干涉条纹,如果条纹太细可用显微镜来观察。干涉条纹为等距直条纹,用记录介质放在干涉场中经过曝光、显影、定影等处理就得到低频全息光栅。

下面讨论光栅常数的控制方法。如图 2.8 所示,Ⅰ、Ⅱ 两束相干光与 P 平面的法线交角为 θ_1 和 θ_2,$\theta = \theta_1 + \theta_2$ 为两束光的会聚角。这两束相干的平行光相互叠加时,产生等距的明暗相间的直条纹,干涉条纹的间距由下式决定,即

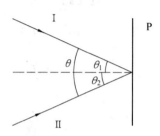

图 2.8 两束平行光相干涉

$$d = \frac{\lambda}{\sin\theta_1 + \sin\theta_2} = \frac{1}{2\sin\frac{1}{2}(\theta_1+\theta_2)\cos\frac{1}{2}(\theta_1-\theta_2)} \quad (2.11)$$

当两束光对称入射,即 $\theta_1 = \theta_2 = \theta/2$ 时

$$d = \frac{\lambda}{2\sin\frac{\theta}{2}} \quad (2.12)$$

当 θ 很小时

$$d \approx \frac{\lambda}{\theta} \quad (2.13)$$

当所制光栅空频较低时,两束光的会聚角不大,就可以根据上式估算光栅的空间频率,具体办法是把透镜 L_0 放在 Ⅰ、Ⅱ 两束光的重合区,则两束光在 L_0 的后焦面上会聚成两个亮点。若两个亮点间的距离为 x_0,透镜焦距为 f,则

$$\theta = x_0/f \quad (2.14)$$

将式(2.14)代入式(2.13)得到

$$d = \frac{\lambda f}{x_0} \quad (2.15)$$

即光栅的空间频率为

$$\nu = \frac{x_0}{\lambda f} \quad (2.16)$$

估算低频光栅空间频率如图 2.9 所示。将白屏 P 放在透镜 L_0 的后焦面上,根据亮点的距离 x_0 估算光栅的空频 ν,即

$$x_0 = \lambda f \nu \quad (2.17)$$

如欲拍 50 线对/mm 的全息光栅,焦距 $f = 300$ mm,则将 $f = 300$ mm,$\nu = 50$ 线对/mm,$\lambda = 0.63 \times 10^{-3}$ mm 带入式(2.17)求出 $x_0 = \lambda f \nu = 0.63 \times 10^{-3} \times 300 \times 50 \approx 9.5$ mm。

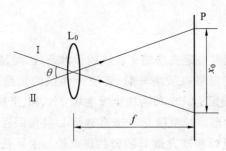

图 2.9　估算低频光栅空间频率

调节Ⅰ、Ⅱ两束光的会聚角一直到 $x_0=9.5$ mm，这样拍摄的光栅空间频率就接近 50 线对/mm。

三、实验光路

实验光路如图 2.10 所示。

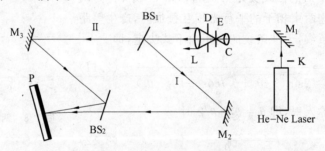

图 2.10　低频全息光栅光路

四、实验仪器

He-Ne Laser：氦氖激光器；M_1、M_2、M_3：全反射镜（M_2、M_3 为 Φ60 mm）；C：扩束镜；L：准直透镜（f 为 250 mm）；L_0：透镜；BS_1、BS_2：50% 分束镜；E：针孔滤波器；D：光栏；P：白屏；另：孔屏、尺、干板架、光开关、曝光定时器、读数显微镜、暗室设备一套（显影液、定影液、水盘、量杯、安全灯、流水冲洗设施）等。

五、实验步骤

1．点燃激光器，调节激光器输出的光束与工作台面平行，用自准直法调整各光学元件表面与激光束的主光线垂直。

2．按照光路图 2.10 所示依次加入光学元件，调整好马赫-曾德干涉仪光路。用自准直法使光束Ⅰ的光轴与白屏 P 面垂直，并使由 BS 处分开后的两束光达到 H 时的光程相等。

3．利用式（2.16），按实验设计的全息光栅的空频 ν 及所用透镜 L_0 的焦距 f 计算出光束Ⅰ、Ⅱ在透镜的后焦面上形成的两个亮点间的距离 x_0。可制 $\nu=100$ 线对/mm 的光栅，供今后多重像解卷积实验用。也可按教师指定空频 ν 计算出 x_0。

4．在白屏 P 处放入透镜 L_0，使其光轴与光束Ⅰ的光轴重合，此时 L_0 的后焦面处的白屏上得到两个亮点。当马赫-曾德干涉仪光路调整完好时，二个亮点是重合在一起的，若不重合，可调节 M_2 的"旋转"、"俯仰"旋钮使之重合。然后调整 BS_2 的"旋转"旋钮，使两个亮点沿水平方向拉开到二亮点间的距离为所要求的 x_0 时为止。x_0 可用直尺或读数显微镜测量。

5. 撤去透镜 L_0 关闭光开关，调节好曝光定时器的曝光时间，在干涉区放上全息干板 H，稳定 1 min 后通过曝光定时器控制光开关进行曝光，曝光时间视激光器功率等因素而定，一般几秒至十几秒（对几毫瓦功率的激光器来说）。曝光后的全息干板经过显影、定影、水洗、晾干等常规暗室处理后得到全息光栅。

6. 观察全息光栅的衍射花样：用激光细束直接照射到所拍的全息光栅上，在光栅后面的白屏上观察到奇数个亮点。中间是 0 级，对称分布在 0 级两侧的亮点分别为 ±1 级、±2 级……当用白光作光源来照射全息光栅时，光栅能按波长大小把光分开，波长短的光衍射角小。如让光栅的衍射光通过透镜，在透镜的后焦面上可得到按波长大小排列的美丽单色线条，这就是光栅光谱。

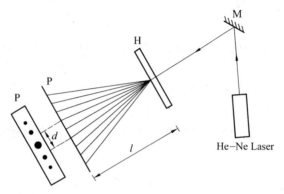

图 2.11 光栅的衍射花样

7. 对光栅进行检测

(1) 用显微镜观察光栅的槽纹形状。

(2) 计算光栅的实际空间频率。方法是将制作好的全息光栅置入激光细束中，在远处的白屏 P 上将得到光栅的衍射花样。由于光栅至白屏的距离远大于光栅间距，此衍射图样为夫琅和费衍射花样的频谱。如图 2.11 所示，频谱为一系列亮点，中央亮点为 0 级，0 级两侧的一对亮点为 ±1 级，依此类推还有 ±2 级、±3 级等。亮点很多就表示该光栅接近矩形。光栅 H 和白屏 P 间的距离用 l 表示，频谱中 ±1 级两亮点间的距离用 d 表示，则该光栅的实际空间频率，即

$$\nu' = \frac{d}{2l\lambda} \tag{2.18}$$

将光栅的实际空频 ν' 与设计要求的空频 ν 比较，二者应基本一致。

(3) 光栅对光源的第一级衍射角（衍射光偏离法线的角度称为衍射角）。

(4) 光栅的分辨率。光栅的分辨率 $\frac{\lambda}{\delta\lambda}$，等于光谱的级次 m 与光栅刻线总数 N 的乘积，即

$$\frac{\lambda}{\delta\lambda} = mN \tag{2.19}$$

(5) 光栅的衍射效率。

六、讨论

全息光栅与普通刻划光栅相比具有以下特点。

1. 没有轨线。刻划光栅的轨线是由光栅周期误差或不规则误差所造成的假谱线。全息光栅的周期与波长成正比,故不存在周期误差,因而没有轨线。

2. 杂散光少。杂散光是由于偶然误差引起的,全息光栅生产周期短,产生偶然误差的机会少,所以全息光栅的信噪比要高于刻划光栅。

3. 分辨率高。全息光栅分辨率 $\frac{\lambda}{\delta\lambda}$ 等于光谱的级次 m 与光栅刻线总数 N 的乘积,即 $\frac{\lambda}{\delta\lambda}=mN$,级次高了以后色散范围变小,但总可以很容易的通过增大光栅长度来增加刻线总数 N 以提高分辨率。

4. 衍射效率高。全息光栅的最大衍射效率可达 60%。在较宽的光谱范围内衍射效率变化比较小。

5. 有效孔径大。全息光栅不仅能制作大面积光栅,而且由于它能消除像差,因此能制成相对孔径大、集光能力强的大相对孔径凹面光栅。

6. 生产效率高。全息光栅的生产过程是拍摄一张全息图和镀制反射膜,因此生产效率较刻划光栅高得多。

七、问题与思考

1. 欲制备一块 1 000 线对/mm 的全息光栅,用马赫-曾德干涉光路能完成吗?实际排光路试一下,解释能够制成或不能制成的原因。

2. 一块空间频率为 50 线对/mm 的全息光栅不慎混入装有其他空频的纸盒内,请你设计一个最简单的方案将它查出来。

3. 对一调整好的马赫-曾德干涉光路,用两块全息干板分别进行曝光,制得空频相同的两块全息光栅 H_1、H_2,两块光栅的曝光时间 t_1、t_2 不同,设 $t_1=1$ s,$t_2=10\ t_1$。将激光细束分别照射在 H_1 及 H_2 上,在其后的白屏 P_1、P_2 上观察夫琅和费衍射花样(白屏 P_1、P_2 到 H_1、H_2 的距离相等),问此时 P_1、P_2 上的衍射花样是下面哪一种情况:

(1) P_1、P_2 上衍射花样完全一样。
(2) P_2 上的衍射花样级次多。
(3) P_1 上的衍射花样级次多。
(4) P_1 上谱点间距小。(即 0 级谱点与 1 级谱点间的距离小)
(5) P_2 上谱点间距大。

实验八　同轴全息透镜

一、实验目的

1. 掌握同轴全息透镜的原理。

2. 实际制作一个全息透镜，观察它的成像特性，和普通透镜作比较。

二、实验原理

同轴全息透镜类似于菲涅尔波带片实质上是一组透光与不透光相同的同心圆环，又称为全息波带片。一个点物的全息图就是一个全息透镜，当点物与参考点源的连线通过全息图中心时，得到的全息图就是同轴全息透镜，如图 2.12 所示。

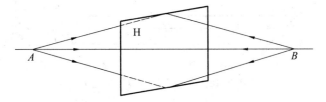

图 2.12 同轴全息透镜的形成

图中 A 是物点，坐标为 $(0, 0, z_a)$，B 为参考点源，其坐标为 $(0, 0, z_b)$，如 z_a，z_b 均代表代数量，则 A，B 在 H 上的复振幅分布分别为

$$u_a(x,y) = A_0 \exp\left(-jk \frac{x^2+y^2}{2z_a}\right) \quad (2.20)$$

$$u_b(x,y) = B_0 \exp\left(-jk \frac{x^2+y^2}{2z_b}\right) \quad (2.21)$$

H 上的光强分布为

$$I(x,y) = A_0^2 + B_0^2 + A_0 B_0 \exp\left[jk \frac{x^2+y^2}{2}\left(\frac{1}{z_a}-\frac{1}{z_b}\right)\right] + \\ A_0 B_0 \exp\left[-jk \frac{x^2+y^2}{2}\left(\frac{1}{z_a}-\frac{1}{z_b}\right)\right] \quad (2.22)$$

经过线性处理后，全息图的透过率为

$$t(x,y) = t_0 + t_1 \exp\left[-jk \frac{x^2+y^2}{2}\left(\frac{1}{z_a}-\frac{1}{z_b}\right)\right] + \\ t_1 \exp\left[jk \frac{x^2+y^2}{2}\left(\frac{1}{z_a}-\frac{1}{z_b}\right)\right] \quad (2.23)$$

式(2.23)中，t_0、t_1 是与 x 无关的常数。对应于图 2.12 的情况，$z_a < 0$，$z_b > 0$，所以 $(1/z_a) - (1/z_b) < 0$，于是式(2.23)中第二项相当于负透镜，第三项相当于正透镜。傅里叶光学中已详细讨论了同轴全息透镜成像的性质，我们制作好了全息透镜后再用实验来验证它的这些特点并与普通透镜作一比较。

实际制作同轴全息透镜时是用马赫光路的一臂中加一透镜，造成一束平面波和一束球面波相干涉，得到明暗相间的同心圆条纹，条纹间距中心疏边缘密。为了观察这些条纹可在光屏 B 处用放大镜观察，或将光屏移至远处观察，用干板在 P 处可记录下这些条纹经过暗室处理得到的同轴全息透镜。

三、实验光路

实验光路如图 2.13 所示。

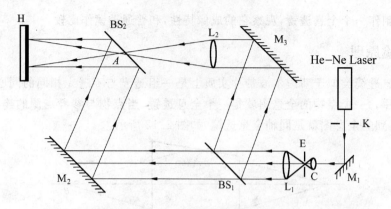

图 2.13　同轴全息透镜记录光带

四、实验仪器

He-Ne Laser：氦氖激光器；BS_1、BS_2：50%分束镜；M_1、M_2、M_3：全反射镜（M_2、M_3为 Φ60 全反射镜）；C：扩束镜；L_1：准直透镜；L_2：透镜；另：孔屏、白屏、干板架、曝光定时器、光开关、暗室设备一套（显影液、定影液、水盘、量杯、安全灯、流水冲洗设施）等。

五、实验步骤

1. 点燃激光器，调节激光器输出的光束与工作台面平行，用自准直法调节各光学元件表面与激光束的主光线垂直。

2. 排迈克尔逊干涉实验光路，检查工作台的稳定性，若不符合要求，应找出原因，调整至合格。

3. 按照图 2.13 所示依次加入光学元件排光路。由 C 和 L_1 共焦出射的平行光被 BS_1 分为两束，一束透过 BS_1 经反射镜 M_2 再经 BS_2 反射到达 H 处的白屏上，这是一束平面波；另一束经 BS_1、M_3 反射再经过一个透镜先是会聚（经过 BS_2 透过）于 A 点，然后发散到白屏上，这相当于一束由点源 A 点发出的球面波。两束光通过平行四边形的两个边，等光程到达白屏发生干涉。

4. 用放大镜在白屏上，取下白屏延长光路到对面的墙上观察干涉形成的同心圆光场分布。在中心部位，由于球面波的光线与平面波光线之间的夹角很小，所以条纹间距较疏；而边缘部位由于两束光线夹角大，所以条纹间距较密。

5. 关闭光开关，取下白屏换上全息干板，稳定 1 min 用曝光定时器控制光开关曝光。

6. 将曝光后的全息干板进行常规的显影等暗室处理得到同轴全息透镜。

7. 再现与观察。将制作好的全息透镜放回原位，挡去球面波，只让平面波照射在全息镜上，它将能再现出球面波。在全息透镜后面观察，除了能看到平行光透过来的 0 级分量外，还能看到"从 A 点发出来的"发散光，这是+1 级衍射分量。实际 A 点只是一个虚光源。这说明平行光通过同轴全息透镜能得到一个发散的球面波，即同轴全息透镜相当于一个凹透镜。其焦距——A 点到全息透镜之间的距离就是制作全息透镜时球面波的点源到干板之间的距离。另外，用一个屏在全息透镜后面还能找到一个光束的会聚点 A'，这就是-1 级衍射。A' 到全息透镜的距离与 A 到全息透镜的距离相等。从这一点来看，平行光束通过全息透镜又能得到一个会聚光束。即同一个全息透镜又相当于凸透镜,如图 2.14 所示。

还可以用制作好的全息透镜观察它的成像作用。把发光物体(如一小灯泡)放在全息透镜二倍焦距之外,可在全息透镜后面一倍到二倍焦距之间得到物体的倒立,缩小实像(用毛玻璃或白屏接收观察);当物体在全息透镜一倍到二倍之间时,可在全息透镜二倍焦距之外得到一个放大的、倒立的实像;如果发光物体在一倍焦距之内,在全息透镜后面可以看到一个放大的正立虚像出现在物体的同一侧。

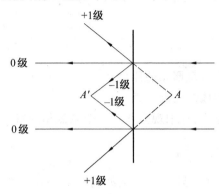

图 2.14 平行光通过全息透镜

六、问题与讨论

1. 全息透镜与普通透镜相似之处

(1)二者都能聚焦。平行光通过它能得到一会聚球面波,会聚点即为它的焦点,焦点到全息透镜的距离即为它的焦距。必须指出:全息透镜的焦距并不一定等于制作时形成球面波的透镜 L 的焦距,它只取决于光束会聚点 A 至全息干板的距离,而这个距离在实验中是可以调节的。

(2)全息透镜也具有成像作用,其成像规律与普通透镜一致。

2. 全息透镜与普通透镜不同之处

(1)由于正弦型薄全息图总是同时存在±1级衍射,同一个全息透镜往往既是正透镜又是负透镜。因此,观察同轴全息透镜成像时,既能看到类似凸透镜成的实像,又能看到类似凹透镜所成的虚像。而普通透镜要么是正透镜,要么是负透镜,二者不可兼得。

(2)对于非线性记录的薄全息透镜,再现时,除了±1级衍射外还同时有高次衍射,如±2级,±3级等衍射,因此存在有多重焦距和多重像。透过全息透镜看一发光物体,能看到一串大大小小的像。

(3)色散作用。由于衍射角度对应于不同波长的入射光有不同的数值,所以同一全息透镜即使是对同一级衍射形成的会聚点的焦距,不同波长有不同的数值,红光焦距较长,黄光绿光较短。所以全息透镜成的像会有明显的色散。特别是离轴全息透镜所成的像,色散更明显。

3. 全息透镜的用途

全息透镜是一种用干涉法制成的薄膜干涉元件。它质量轻、造价低、制造快、易于复制,有不少用途。

(1) 它可以和普通透镜相互补充,完成某些功能。
(2) 可代替普通透镜使用,如可用来做分割透镜、多重透镜、大相对孔径透镜等。
(3) 在某些情况下有特殊用处,如全息透镜可以制成系列形式,根据仿生学制成"复眼"即全息透镜堆,在军事上很有价值。

实验九　漫反射物体三维的全息照相

一、实验目的

1. 掌握漫反射物体三维全息照相的原理。
2. 能熟练拍摄漫反射物体的三维全息图。
3. 能熟悉再现全息图虚像,仔细观察并总结全息照相的特点。

二、实验原理

普通照相过程中,感光材料只记录了光波的强度因子而失掉了光波的另一个主要因子——位相因子,所以普通照相不能完全反映拍摄物的真实相貌,只能呈现一个平面图像,失去了立体感。全息照相的关键是引入了一束相干的参考光波和从物体表面漫反射来的物光波在全息干板处相干涉,把物光波携带的全部信息——强度和位相,"冻结"在全息干板上,用干涉条纹的形式记录下来。即利用干涉现象把每个物点的振幅和位相信息转换成强度的函数,在二维或三维介质中以干涉图像的形式记录下来。经过显影、定影等暗室处理,干涉图样就留在干板上了,这就是三维全息照片。干涉图样的亮暗对比度及反衬度反映了物光波振幅的大小即强度因子,条纹的形状、间隔等几何特征反映了物光波的位相分布。综上所述,全息照相与普通照相的根本区别有两点:第一,普通照相只记录了物光波的强度因子而失去了位相因子,全息照相记录物光波的全部信息;第二,普通照相记录的是光波通过透镜所成的像,而全息照相是以干涉条纹的形式直接记录物光波的本身。

全息照片上只有密密麻麻的干涉条纹,相当于一块复杂的光栅板。当用与记录时的参考光完全相同的光以同样的角度照射全息照片时,就能在光栅的衍射光波中得到原来的物光,被"冻结"在全息照片上的物光波就能"复活"。通过全息片在原来放置物体的地方(尽管物已被拿走)就能看见一个逼真的虚像。它和原物体一模一样,达到乱真的程度。这就是全息图的波前再现。

下面对全息记录和波前再现的过程,作具体的数学描述并讨论数学表达式各项的物理含义。由物体漫反射的单色光波在干板平面 xy 上的复振幅分布为 $O(x,y)$,称为物光波。同一波长的参考光波在干板平面 xy 上的复振幅分布为 $R(x,y)$,物光波和参考光波叠加以后在干板平面的强度为

$$I(x,y) = |O(x,y)+R(x,y)|^2 + |R(x,y)|^2 + O(x,y)R^*(x,y) + O^*(x,y)R(x,y)$$
(2.24)

若全息干板的曝光和冲洗都控制在振幅透过率 t 随曝光量 E 变化的曲线(如图 2.15 所示)的线性部分,则全息干板的投射系数 $t(x,y)$ 与光强 $I(x,y)$ 呈线性关系,即

$$t(x,y) = \alpha + \beta I(x,y)$$
(2.25)

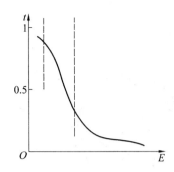

图 2.15 振幅透射率随曝光量变化曲线

这就是全息图的记录过程。

波前再现过程如下,用某一单色光将全息图照明,若在干板平面上该光波的复振幅为 $P(x,y)$,则经过全息图后的复振幅分布为

$$P(x,y)t(x,y)=\alpha P(x,y)+\beta[|O(x,y)|^2+|R(x,y)|^2]+$$
$$\beta P(x,y)O(x,y)R^*(x,y)+\beta P(x,y)O^*(x,y)R(x,y) \quad (2.26)$$

式(2.26)中第一、二项都具有再现光的位相特性,因此这二项实际与再现光无本质区别,它的方向与再现光相同,称为零级衍射光。在第三项中,当取再现光和参考光相同时,与 $P(x,y)$ 与 $R^*(x,y)$ 的积等于一个常数,则这一项便是与原物光波相同的复振幅 $O(x,y)$ 了,即这一项是与物光波相同的衍射波,具有原始物光波的一切特性(与它相乘的常数分布是无关紧要的)。如果用眼睛接收到这样的光波,就会看见原来的"物"。这个与"物"完全相同的再现像是一个虚像,称原始像。当再现光与参考光相同时,第四项有与原物共轭的位相,说明这一项代表一个实像,它不在原来的方向上而是有偏移,称之为"共轭像"。通常把原始像的衍射光波称为+1级衍射波。这就是三维虚像,把形成共轭像的光波称为-1级衍射波。

全息图虚像的观察方法如图 2.16 所示,把拍摄好的三维全息图放回拍摄光路中全息干板 H 的位置处,挡着物光,用原来的参考光照射全息图,或者用与原来参考光相同的光束用

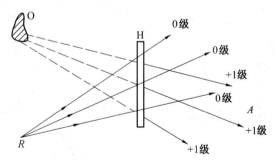

图 2.16 全息图虚像的观察

同样的角度照射在全息图上,眼睛置于图 2.16 中 A 处,透过全息图在原来放物的位置 O 处看到物体的虚像,它和原物完全一样,犹如拍摄物没有拿走一样。

全息图实像的观察方法如图 2.17 所示,用原参考光 $R(x,y)$ 的共轭波 $R^*(x,y)$ 照射全息图,手持一块毛玻璃在实像的位置 B 附近来回移动可接收到实像,眼睛聚焦到毛玻璃处,拿走毛玻璃,即可以看见实像悬浮于干板之外的某处。

三、实验光路

实验光路如图 2.17 所示。

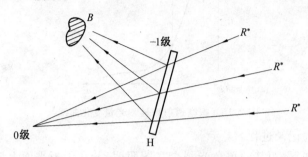

图 2.17 全息图实像的观察

四、实验仪器

He-Ne Laser：氦氖激光器；M_1、M_2、M_3：全反射镜；BS：分束镜（分束比 $R=5\%\sim 10\%$）；C_1、C_2：扩束镜（40×）；O：被拍摄物；H：全息干板；另：空屏、白屏、干板架、尺、光开关、曝光定时器、光强测量仪、显微镜、投影仪、暗室设备一套（显影液、定影液、安全灯、水盘、量杯及流水冲洗设备）等。

五、实验步骤

1. 点燃激光器，微调由激光器出射的激光束与工作台面平行。用自准法调整各光学元件的表面与激光束的主光线垂直。

2. 排迈克尔逊实验光路，检查全息仪防震台的稳定性，如稳定性不符合要求，找出原因，调整合格。

3. 按照图 2.18 所示依次放入光学元件，特别注意以下几点：

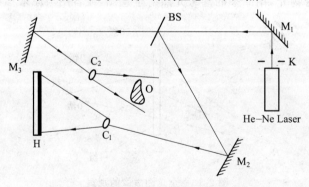

图 2.18 漫反射物体三维的全息记录光路

(1) 在干板平面处，物光、参考光的光强比可在 1∶1～1∶10 之间选择，可根据物体表面漫反射的情况来定，一般选 1∶4 左右为宜。可用光强测定仪在干板位置处测量。若无光强测定仪则用白屏或者毛玻璃屏放在干板位置处用眼睛观察目测。

(2) 物光、参考光的光程相等。

(3) 物光、参考光的角度可以稍大一些（如>40°），这样再现时+1 衍射光和 0 级光可以分得开些，便于观察虚像。

(4)照明被拍摄物的光应将物体均匀照亮，调节物体方位使物体漫反射光的最强部分均匀地落在干板上，参考光均匀照明并覆盖整个干板。物光波和参考光波在干板上要重合好(用白屏来调)。

4.关闭光开关，在 H 处放全息干板架夹持干板，干板的药膜面应面向被拍摄物。根据干板处物光、参考光的强度选择合适的曝光时间(数秒到数十秒间)。稳定 1 min 后用曝光定时器控制光开关曝光。

5.将曝光后的全息干板在暗室进行常规的显影、定影、水洗、干燥等处理，得到一张漫反射物体的三维全息照片。

6.将冲洗好的全息干板放在干板架上，拿走被拍摄物，挡着物光，用原参考光照明全息图，在原来放置被拍摄物的地方，可以看到物体的虚像，通过观察，分析全息照相的特点。

7.将拍好的全息图放在投影仪普片台上，调焦至影屏上的斑纹图像清晰，测出条纹间距。

8.将制得的全息图放在显微镜物台上，换上合适的目镜(15×)、物镜(40×)，调焦至视野中出现清楚的条纹为止。仔细观察，分析条纹状况，测出条纹间距。

六、问题与讨论

在全息照相的过程中，记录材料的药膜厚度一般是几 μm 到 $20\ \mu m$。因此大多数全息照片实际上都应视为体全息图。再现时，再现光的波长及方向要满足一定的条件才能获得再现像。再现光的角度只要转过几度再现像的亮度即下降为零，这个特性是很有用的。在作了一次全息记录以后，适当改变物光、参考光的夹角，可在同一全息干板上记录另一个全息图，一张全息干板可以进行多次曝光记录，再现时各全息图互不影响，可分别再现出来。

1.用激光束将一组物体的正面、侧面充分照明然后拍出这一组物体的三维全息图。再现观察虚像时，如果前排物体挡着后排物体的一部分，能否设法将挡着的部分看清楚？普通照片上若发现前排物体挡着后排物体的一部分，能有办法将挡着的部分看清楚吗？试作一比较。

2.三维全息片不小心打碎，用其中一小块再现来观察其虚像。下面哪种说法是正确的？
(1)只能再现原物的一部分。
(2)完全不能再现虚像。
(3)能再现完整的虚像，和没有打碎的整块全息照片再现的虚像毫无差别。
(4)能再现完整的虚像，但衍射效率降低。
(5)能再现完整的虚像，但分辨率降低。
(6)能再现完整的虚像，和整块全息片再现的虚像毫无差别，仅仅观察起来不太方便。

3.试总结全息照片的特点，与普通照相作一比较。

4.虽然激光器有一定的相干长度，为什么拍摄全息图时仍要求物光和参考光的光程相等？

5.用投影仪和显微镜观察到的条纹是什么条纹？它们是不是同一性质的条纹？做了这一对比观察后你有什么体会？

实验十 傅里叶变换全息图

一、实验目的

1. 掌握傅里叶变换全息图的原理。
2. 拍摄一张傅里叶变换全息图,观察其再现像。
3. 总结傅里叶变换全息图的特点及影响其质量的因素。

二、实验原理

傅里叶变换全息图是全息图的一种特殊类型,它不像一般全息图那样记录物光波本身,而是记录物光波的空间频谱,即记录物光波的傅里叶变换。引入一束参考光去和物的频谱相干涉,用得到的干涉条纹记录物频谱的振幅分布和位相分布就得到傅里叶变换全息图。这就需要用透镜对于物分布作傅里叶变换,然后把记录介质置于频谱面上记录参考光和频谱的干涉条纹。由傅里叶变换特性知道,用单色点光源将物体照明以后,通过透镜在点光源的共轭像面上,能得到物分布的傅里叶频谱。当用单色平行光将物照明时,频谱面与透镜后焦面重合。

如图 2.19 所示,物分布 $g=(x_0,y_0)$ 放在透镜 L 的前焦面上,通过透镜后,在后焦面上得到其频谱函数 $G(f_x,f_y)=G(x/\lambda_f,y/\lambda_f)$ 其中 x,y 是后焦面的坐标,透镜 L 将入射平行光会聚于其前焦面的 $(-b,0)$ 点,通过小孔照射到 L 上,通过 L 后变为参考光 R。放在 L 后焦面上的记录介质 H 接受到光振动是物频谱和参考光两部分,H 上的光强分布为

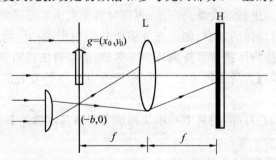

图 2.19 傅里叶变换全息图的记录原理

$$I(x,y)=\left|G(\frac{x}{\lambda_x},\frac{x}{\lambda_y})+R(x,y)\right|^2=$$

$$GG^*+R^2+RG(\frac{x}{\lambda_x},\frac{x}{\lambda_y})\exp(-j2\pi b\frac{x}{\lambda_f})+RG^*(\frac{x}{\lambda_x},\frac{x}{\lambda_y})\exp(j2\pi b\frac{x}{\lambda_f}) \quad (2.27)$$

如果对底片的处理是线性的,则底片透过率可以表示为

$$t(x,y)=\alpha+\beta I(x,y) \quad (2.28)$$

在透过率中包含着 $G\left(\frac{x}{\lambda_f},\frac{y}{\lambda_f}\right)$ 和 $G^*\left(\frac{x}{\lambda_f},\frac{y}{\lambda_f}\right)$ 的两项,这两项在再现时再作一次傅里叶变换就能得到物的原始像和共轭像。

再现原理如下:

如图 2.20 中透镜焦距仍为 f，将全息图放置其前焦面上，用波长为 λ，振幅为 C_0 的平行光垂直照明，全息图的光振动分为 4 个部分，即

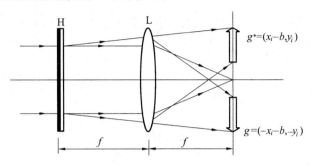

图 2.20　傅里叶变换全息图的再现原理

$$g_1(x,y) = C_0\alpha + C_0\beta R^2$$
$$g_2(x,y) = C_0\beta GG^*$$
$$g_3(x,y) = C_0\beta RG\left(\frac{x}{\lambda f},\frac{y}{\lambda f}\right)\exp\left(-j2\pi b\frac{x}{\lambda f}\right)$$
$$g_4(x,y) = C_0\beta RG^*\left(\frac{x}{\lambda f},\frac{y}{\lambda f}\right)\exp\left(j2\pi b\frac{x}{\lambda f}\right) \tag{2.29}$$

其中第一项是常数，表示具有一定振幅的平行于光轴的平行光，经过透镜 L 的傅里叶变换后，位于后焦点的一个亮点（δ 函数）。第二项经过傅里叶变换后是物分布的自相关函数（由傅里叶变换的自相关定理 $F[C_0\beta GG^*] = C_0\beta R,g$ 可得到），这部分分布的总宽度是物分布宽度的两倍，称为中心晕轮光，对第三项作傅里叶变换并略去与分布无关的常数 $C_0\beta R$ 则

$$F[g_3(x,y)] = \iint_{-\infty}^{+\infty} G\left(\frac{x}{\lambda f},\frac{y}{\lambda f}\right)\exp(-j2\pi b\frac{x}{\lambda f})\exp[-j2\pi(x\frac{x_i}{\lambda f}+y\frac{y_i}{\lambda f})]dxdy =$$
$$(\lambda f)^2 g[-(x_i+b),-y_i] \tag{2.30}$$

式（2.30）中除了一个常数外，分布 $g[-(x_i+b),-y_i]$ 与物分布一样，只是坐标反转了，并且在 x_i 的方向上相对移动了 $-b$，这就是再现得到的原始像。对于第四项可作类似第三项的处理，它的傅里叶变换为

$$F[g_4(x,y)] = \iint_{-\infty}^{+\infty} G^*\left(\frac{x}{\lambda f},\frac{y}{\lambda f}\right)\exp(j2\pi b\frac{x}{\lambda f})\exp[-j2\pi(x\frac{x_i}{\lambda f}+y\frac{y_i}{\lambda f})]dxdy =$$
$$(\lambda f)^2 g^*[(x_i-b),y_i] \tag{2.31}$$

式（2.31）中除一个常数外，得到的就是物的共轭分布，它在 x 方向上移动了 b，这就是再现得到的共轭像。

三、实验光路

实验光路如图 2.21 所示。

四、实验仪器

He-Ne Laser：氦氖激光器；M_1、M_2、M_3：全反射镜；BS：连续分束镜；C_1、C_2：扩束镜（40×）；L_1、L_2：准直透镜；L：傅里叶变换透镜；O：物（透明底片）；H：全息干板；另：干板架、

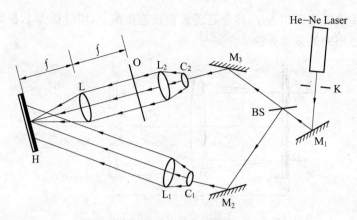

图 2.21 傅里叶变换全息图记录光路

孔屏、白屏、尺、曝光定时器、光开关、光强测量仪、暗室设备一套（显影液、定影液、水盘、量杯、安全灯、流水冲洗设施）等

五、实验步骤

1. 点燃激光器，调整由激光器出射的激光细束与工作台面平行，用自准直法将各光学元件的表面调至与工作台面垂直。

2. 先不放入扩束镜和准直镜及物 O，按图 2.21 所示依次加入光学元件用细光束调好光路，使由 BS 分开的两束光到全息干板 H 处的光程相等，在两束光重合处放上白屏。

3. 在两路光中分别加入扩束镜和准直镜，沿光轴方向调整扩束镜和准直镜间距离以实现二者共焦，调成平行光。

4. 在一束平行光中加入傅里叶变换透镜 L，沿光轴方向前后移动 L 使它的后焦面位于 H 面上，在 L 的前焦面上放入透明底片，或黑纸上刻出的通孔（一定形状），调节 BS 的位置使 H 处物光、参考光的光强比为一合适的值。一般说来物的空间频谱中，低频成分大于高频成分。如果在记录中要强调低频成分，参考光就需调整强一些，曝光时间短一些，这样对低频成分有合适的记录而对高频成分则曝光不足，再现图像的高频损失较多；若欲强调高频成分，则要求参考光弱一些，曝光时间长一些，此时低频部分可能会由于曝光过度而衍射效率低，而高频部分的曝光则是合适的，再现像中低频损失较多，高频得到较好的再现。

5. 关闭光开关，在 H 处取下白屏换上全息干板，稳定 1 min 后用曝光定时器控制光开关曝光，曝光时间为几秒到十几秒。

6. 取下曝光后的全息干板，在暗室进行常规的显影、定影、水洗、干燥等处理，得到傅里叶变换全息图。

7. 挡掉原纪录光路中的参考光，取下透明底片换上处理好的全息图，在 H 处的毛玻璃上看到再现的原始像和共轭像居于中央亮斑的两侧，中央亮斑是原物的自相关。

8. 将全息图沿垂直于光轴的方向平移，观察再现像的位置是否发生变化。

9. 将全息图沿光轴向透镜 L 移动，观察再现像变化的情况。

10. 将全息图至于透镜 L 之后，在不同位置上观察再现像的情况。

六、讨论

1. 欲使再现像不受晕轮光的影响，必须使再现像与中央晕轮光分离，分离的条件取决于 b 的大小。设物在 x 方向上不为零的范围为 $[-x_m, x_m]$，物自相关函数不为零范围为 $[-2x_m, 2x_m]$。这就是中央晕轮光的范围。从图 2.20 可得到，原始像、共轭像与晕轮光分离的条件是 $b \geqslant 3x_m$。

2. 记录傅里叶全息图时，要使物体本身各点的衍射光都能通过透镜被记录下来，则透镜的口径应满足下述条件：$D \geqslant D_H + B$。其中 B 为物体的线宽度，D_H 为全息图的宽度。

3. 一个有益的启示：做完傅里叶变换全息图后，我们知道了物经透镜以后在某一特定位置上会将物的全部信息集中在一个较小的区域范围内。这一特性为全息存贮提供了有用的手段，有着广泛的应用。

七、问题与思考

1. 再现时若改用激光细束照射傅里叶全息图，结果将怎样？
2. 再现时用会聚光束或发散光束，得到的再现像与用平行光得到的再现像有何不同？

实验十一　一步彩虹全息图

一、实验目的

1. 掌握制作一步彩虹全息图的原理和方法。
2. 制作一张一步彩虹全息图。
3. 总结一步彩虹全息图和二步彩虹全息图的异同和利弊。

二、实验原理

一步彩虹全息是相对于 Benton 提出的二步彩虹全息而言的，二步彩虹的优点是视场大，但程序比较复杂，又用了两次激光曝光，散斑噪音大，信噪比小。一步彩虹程序简单，相干散斑噪音较小，信噪比较高，但视场受透镜大小的限制。从本质上讲，一步彩虹和二步彩虹毫无区别，只是在记录彩虹全息的步骤上，一步彩虹更简单。彩虹全息的本质是要在观察者与物体的再现像之间形成一狭缝像，使观察者通过狭缝像来看物体的像，以实现白光再现单色像，一步彩虹全息图的记录光路是在三维照相的光路（如图 2.18）中，在记录干板与物体之间插入一个成像透镜和一个水平狭缝，把物体和狭缝的像一次记录下来。由于狭缝放置的位置不同，一步彩虹全息图的记录光路有两种：一种是赝像记录光路，一种是真像记录光路。

赝像记录原理如图 2.22 所示。狭缝紧贴成像透镜后面放置，成像透镜只对物体成实像，对狭缝不成实像，狭缝位于透镜焦点之内在焦点外成虚像。用会聚光作参考光。

再现光路如图 2.23 所示，用逆参考光照明再现。形成狭缝的实像和物体的虚像，眼睛置于狭缝的实像处，观察到物体的虚像，这个像是一个赝像。即再现像的凸凹与物体正好相反，因而这一光路只适合于二维平面物体的记录。本书不仔细讨论。

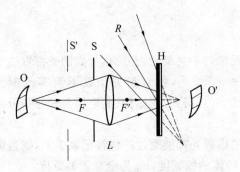
图 2.22 一步彩虹全息赝像记录原理图

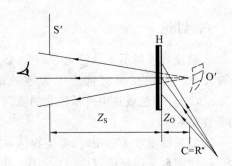
图 2.23 一步彩虹全息赝像再现光路

真像记录原理图如图 2.24 所示,狭缝和物体 O 均放在透镜 L 的焦点以外,狭缝位于物体和透镜之间。成像透镜对物体和狭缝均成实像,二者的像均在透镜的另一侧,物体的实像和狭缝的实像分别成像在记录干板的前边和后边,物体的像离全息干板近一些。

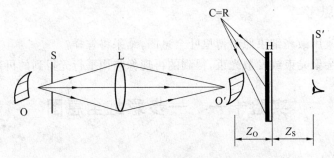
图 2.24 一步彩虹真像记录原理图

再现时,用与原参考光方向相同的光照明,在全息图与观察者之间形成狭缝的实像,眼睛在狭缝像处观察可看到物体的虚像,再现像不再是赝视的。如用白光源再现,就会出现按彩虹颜色排列的狭缝实像,在这些狭缝像的位置上,人眼可以看到不同色彩的准单色($\lambda+\Delta\lambda$)全息像。关于一步彩虹视场受成像透镜相对孔径的限制,有以下三种方法可以补救:第一,使用大相对孔径的照相镜头作为成像透镜;第二,把两个照相镜头串联使用;第三,在全息干板 H 之前加一个场镜。

一步彩虹有许多应用,在以后的实验中还会介绍到。

三、实验光路

1. 一步彩虹赝像记录光路,如图 2.25 所示。
2. 一步彩虹真像记录光路,如图 2.26 所示。

四、实验仪器

He-Ne Laser:氦氖激光器;M_1、M_2、M_3:全反射镜;BS:分束镜(连续);C_1、C_2:扩束镜(40×);L:成像透镜;S:狭缝;D:被拍摄物;H:全息干板;另:孔屏、白屏、干板架、载物台、尺、曝光定时器、光开关、光强测量仪、暗室设备一套(显影液、定影液、安全灯、水盘、量杯、流水冲洗设施)等。

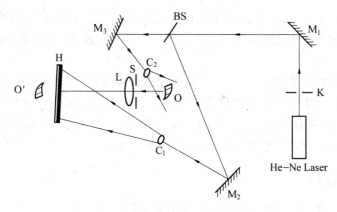

图 2.25 一步彩虹全息赝像记录光路

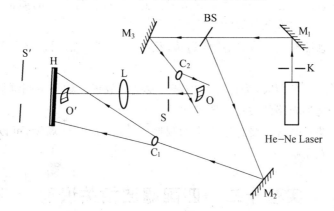

图 2.26 一步彩虹真像记录光路

五、实验步骤

1. 点燃激光器,调整由激光器出射的光束与工作台面平行,用自准直法调整各光学元件的表面与激光束的主光线垂直。

2. 排迈克尔逊干涉实验光路,检查工作台的稳定性,若不符合要求,找出原因,调整合格。

3. 按图 2.26 所示依次放入光学元件排光路,注意以下几点:

(1)选择合适的光学元件。成像透镜宜用大相对孔径的照相镜头,必要时可用两个镜头串联使用。BS 用连续分光镜。

(2)调整物光路,先不放狭缝,物体躺倒放置。加入成像透镜 L 以后,在 L 的后方用毛玻璃寻找物体的实像。透过 L 看实像,沿光轴方向移动物体,调整物距和像距,使人眼恰好能看到整个实像。调整好后在实像后面 5 cm 处放置干板架。

(3)加入狭缝 S(水平方向放置),在干板架后面用毛玻璃寻找狭缝的像 S′,移动狭缝(沿光轴方向)使 S′到干板的距离为 40 cm 左右。狭缝的宽度约 1 mm 左右,通过狭缝的像观察物体的实像是否完整,若狭缝的像左右不全,可适当加大狭缝宽度或更换较小的物体。

(4)调整 M_2 的位置,使参考光光程和物光光程相等。

(5)参考光与物光的光强比在 4∶1～8∶1 之间选择。

4. 关闭光开关,在干板架上放上全息干板,稳定 1 min 后利用曝光定时器控制光开关曝光。

5. 将曝光后的全息干板在暗室进行常规的显影、定影、水洗、干燥等处理,得到一张一步彩虹全息图。

6. 将制得的彩虹全息图,用记录时的参考光进行再现,观察物体的像和狭缝的像。

7. 用白光源再现彩虹全息像。将全息图相对原来记录的位置面内旋转 π/2,使躺倒的物体像正立起来,照明方向与原参考光的方向一致,沿铅垂方向改变观察位置,全息像的颜色将变化。沿水平方向改变观察位置,全息像将有立体感。

六、问题与讨论

1. 与二步彩虹比较,一步彩虹全息照相有什么优点、缺点?

2. 一步彩虹全息照相也是一种离轴式透射全息照相,它与普通的离轴全息照相有什么区别? 是从记录和再现两方面加以比较。

3. 一步彩虹全息照对光路设计、成像透镜、狭缝、参考光源和再现光源各有什么要求,应如何选择?

4. 拍摄一步彩虹全息图时,为什么被拍摄物要躺倒放置。如果不躺倒放置,你能设计出一种记录光路吗? 这种光路的关键是要解决什么问题?

5. 一步彩虹的缺点是视场受透镜大小的限制,如果增加一个场镜,可以扩大视场,你能试着设计一个这种光路吗?

实验十二 匹配滤波相关识别

匹配滤波与光学图像识别是相干光学处理中一种典型的信息处理方法。它可以从某一图像中提取有用的信息或检测某一信息是否存在(若存在,还包括其存在的位置)。因此,这种信息处理方法又称为特征识别。特征识别在指纹鉴别、空间飞行物探测、字符识别以及从病理照片中识别癌变细胞等领域有着广泛应用,是相干光学处理的一个重要课题。

特征识别的方法已有很多种,本实验先介绍最基本的一种,即傅里叶变换方法,其关键技术是制作空间匹配滤波器。

一、实验目的

1. 了解匹配滤波器的意义和制作方法。
2. 通过实验,了解相干光学处理系统的典型结构和调节方法。
3. 掌握对指纹或字符识别的基本技术。

二、实验原理

1. 空间匹配滤波器的意义

设有一副透明图片,其振幅透过率为 $h(x_1,y_1)$,令其傅里叶变换频谱为 $H(f_x,f_y)$。若有一空间滤波器,其振幅透过率(或称滤波函数)为 $H^*(f_x,f_y)$("*"号表示复共轭),则该滤波器就是上述透明图片 $h(x_1,y_1)$ 的匹配滤波器。

2. 匹配滤波器的制作

匹配滤波器是复数滤波器,可以用光学全息方法制作,也可以采用计算全息数制作,实际上是制作一张待识别图像的傅里叶变换全息图。图 2.27 所示为用光学全息方法制作匹配滤波器的原理光路。令特征信号 $h(x_1,y_1)$ 在平面 P 上的频谱为 $H(f_x,f_y)$,准直参考光倾斜入射到 P 平面,其复振幅为 $\xi[A_R\delta(x-a),y]=A_R e^{-j2\pi f_x a}$,其中 $\xi=\sin\theta/\lambda$,则在 P 平面的复振幅分布为

$$G(f_x,f_y)=H(f_x,f_y)+A_R e^{-j2\pi f_x a} \tag{2.32}$$

强度分布为

$$I(f_x,f_y)=|H(f_x,f_y)+A_R e^{-j2\pi f_x a}|^2 =$$
$$|H(f_x,f_y)|^2+A_R^2+A_R H^*(f_x,f_y)e^{-j2\pi f_x a}+A_R H(f_x,f_y)e^{j2\pi f_x a} \tag{2.33}$$

上式中第 3 项包含有对特征信号 $h(x_1,y_1)$ 的匹配滤波函数 $H^*(f_x,f_y)$,这正是实验所需要的匹配滤波器。

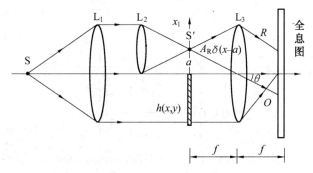

图 2.27 全息匹配滤波器制作光路

3. 利用匹配滤波器进行图像识别

特征识别的方法是将待检测的物函数 $f(x_1,y_1)$ 放在相干光学处理系统上,典型的如 4-f 系统,见图 2.28 的输入平面 P_1 上,而将含有特征信号 $h(x_1,y_1)$ 共轭谱 $H^*(f_x,f_y)$ 的全息匹配滤波器置于频谱面 P_2 上。设物函数的频谱函数为 $F(f_x,f_y)$,则在 P_2 后表面的复振幅为 $F(f_x,f_y)\tau$,其中 τ 为全息匹配滤波器的复振幅透过率,在线性记录条件下,该全息匹配滤波器的复振幅透过率与曝光光强 I 成正比,由此得 P_2 后表面的复振幅分布为

$$F(f_x,f_y)\tau \propto F(f_x,f_y)I(f_x,f_y)=$$

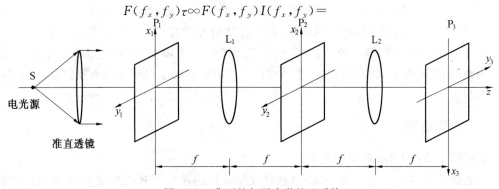

图 2.28 典型的相干光学处理系统

$$FHH^* + FA_R^2 + FA_R H^*(f_x, f_y)e^{-j2\pi f_x a} + FA_R H(f_x, f_y)e^{j2\pi f_x a}$$
(2.34)

而在 P_3 平面的复振幅分布 $g(x_3, y_3)$ 为(在反演坐标下)

$$\begin{aligned}g(x_3, y_3) = \zeta^{-1}[F(f_x, f_y)I(f_x, f_y)] = \\ f(x_3, y_3)^* h(x_3, y_3) \times h(x_3, y_3) + A_R^2 f(x_3, y_3) + \\ A_R f(x_3, y_3) \times h(x_3, y_3) * \delta(x_3 - a, y_3) + \\ A_R f(x_3, y_3) * h(x_3, y_3) * \delta(x_3 + a, y_3)\end{aligned}$$
(2.35)

式(2.35)中最重要的是第 3、4 项,他们分别是输入的物函数与特征信号的互相关和卷积,其中心在 $(\pm a, 0)$ 处,如图 2.29 所示。图中 W_f 和 W_h 分别代表物函数和特征信号在 x_3 方向的宽度。在特征识别中,所关心的是相关。

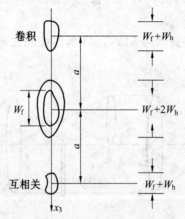

图 2.29 在 P_3 平面上各输出项的位置

若待测的物函数图像中包含特征信号和相加性噪声,则

$$f(x_1, y_1) = h(x_1, y_1) + n(x_1, y_1)$$
(2.36)

令其频谱为

$$F(f_x, f_y) = H(f_x, f_y) + N(f_x, f_y)$$
(2.37)

则经 H^* 滤波后的频谱为

$$F(f_x, f_y)H^*(f_x, f_y) = H(f_x, f_y)H^*(f_x, f_y) + N(f_x, f_y)H^*(f_x, f_y)$$
(2.38)

在经 L_2 进行逆傅里叶变换后,在输出平面 P_3 上的复振幅分布为

$$g(x_3, y_3) = h(x_3, y_3) \times h(x_3, y_3) + n(x_3, y_3) \times h(x_3, y_3)$$
(2.39)

式(2.39)中最后一项能量比较弥散,只有特征信号的自相关在相应位置处存在鲜明亮点。至于式(2.35)中的第 4 项,由于卷积的结果获得一个模糊的图像,远不如相关亮点鲜明。因此,利用匹配滤波相关检测方法就可以从带有噪声的信息中提取有用信息,达到特征识别的目的。

三、实验步骤

1. 按图 2.30 所示布置实验光路。
2. 在输入平面 P_1 上放置透明图片(指纹或字符透明片),使其在输出 P_3 上成清晰的像。同时,使参考光束与 P_2 平面图像的频谱很好地重叠。两路光束在频谱面上的光强比要调节

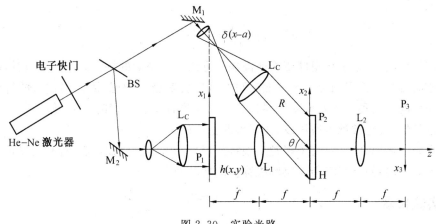

图 2.30　实验光路

适当,一般以能观察到频谱的 2、3 级较为合适。

3. 制作匹配滤波器。调好光路之后,在 P_2 平面上放置全息干板,进行曝光,在原地显影、定影和清洗,并用冷风吹干,这样就制得了该输入图像的匹配滤波器。

4. 匹配滤波器制作好后,挡掉参考光,只让物光谱通过匹配滤波器(即全息图片),这时重现的光束应该是原来的参考光束,因而在 P_3 平面的光屏上沿参考光的方向 ($x_3 = \lambda f f_x, y_3 = 0$) 便能看到一个亮点,这就是自相关亮点,其位置与原来参考光的聚焦点重合。若在 P_3 平面上放置干板,便可记录下自相关亮点的强弱,也可以用光电探测器来测量其相对大小。此外,在 $x_3 = 0, y_3 = 0$ 处可以观察到 $h(x_1, y_1)$ 的实像,在 $x_3 = -\lambda f f_x, y_3 = 0$ 处能观察到与 $h(x_1, y_1)$ 的卷积模糊像。

5. 观察输入图像位置变化对自相关亮点的影响。平移输入图像时,在 P_3 平面上可看到自相关亮点随之移动,但不会消失,亮度也不会变化;如果输入图像是放在一个可以转动的框架中,则当缓慢地转动图片时,自相关亮点将逐渐变弱,在大约转过 3～5°后,亮点就会消失。注意:操作时要尽量不要触动图片本身。

6. 观察失配情况。在完成上述观察之后,若在 P_1 平面换上另外的透明图片,此时将得不到自相关亮点,得到的是互相关的模糊散斑。

四、注意事项

1. 在原地显影、定影和清洗匹配滤波器底片时必须小心地操作,这是本实验成败的关键。在操作过程中,要尽量不触动全息底片和全息台。

2. 为了使相关项(包括卷积项)与中心项不相互重叠,以避免对识别的干扰,参考光倾角的大小需适当选择。设待检测物函数 $f(x_1, y_1)$ 和特征信号 $h(x_1, y_1)$ 沿 x_3 方向的宽度分别为 W_f 和 W_k,而由式(2.35)知,其中前两项的宽度分别为 $W_f + 2W_k$ 和 W_f,相关项和卷积项的宽度均为 $W_f + W_k$,如图 2.29 所示。显然,使各项完全分离,应该满足

$$a > \frac{3}{2}\frac{W_k}{f} + \frac{W_f}{f} \tag{2.40}$$

而

$$a = \lambda f f_x = \lambda f \frac{\sin\theta}{\lambda} \approx f\theta$$

故
$$a > \frac{3}{2}\frac{W_k}{f} + \frac{W_f}{f} \tag{2.41}$$

3. 应该指出的是,采用傅里叶变换匹配滤波方法进行图像的特征识别处理有其局限性。由于匹配滤波器对被识别图像的尺寸缩放和方位旋转都极其敏感,因而当输入的待识别图像的尺寸和角度取向稍有偏差或滤波器自身的空间位置稍有偏移时,都会使正确匹配产生的响应急剧降低,甚至被噪声所湮没,使识别发生错误。

为了克服上述困难,又发明了多种实现特征识别的方法。例如,利用梅林交换解决物体空间尺寸改变的问题;利用圆谐变换解决物体的转动问题……

五、实验仪器

He-Ne 激光器(40 mW 左右):1 台;电子快门:1 个;扩束镜:2 个;反射镜:4 个;分束镜:1 个;100 准直透镜:1 个;100 傅里叶变换透镜:2 个;干板架:3 个;100 * 100 载物玻璃板:1 块;观察屏:1 个;一维可移动平台(或支架):1 个;全息干板:若干小块。

实验十三 用全息法实现光学图像相减

一、实验目的

1. 利用 π 相移器,采用二次曝光法对图像进行相减实验。
2. 通过实验掌握 π 相移器的移相原理和使用方法。

二、实验原理

本实验的要点是采用一个 π 相减器,并应用二次曝光法在同一张全息底片上先后记录两个物体的全息图,使其二者相减。实验光路如图 2.31 所示。在输入平面 P_1 上放置第一个图像 A,先记录 A 的全息图,然后放下 A,放上图像 B;也可将图像 A 的一部分挡去后,作为图像 B,并加入一个 π 相移器使物光位相延迟 π,再记录 B 的全息图。这样记录的二次曝光全息图,经过显影、定影和反皱缩等处理后放回干板架上,当用原参照光照明重现时,在重现光场中同时包括了图像 A 和 B,由于在记录过程中使 A 和 B 物光的位相差为 π,故在重现此全息图时,图像 A 和 B 的相同部分便被消去了,只留下差异部分。

三、实验光路

实验光路如图 2.31 所示。

为了进一步理解用二次曝光全息法进行图像相减的原理,下面对上述记录过程中再进行较详细的分析。设参考光为平面波,即

$$R(x,y) = A_R e^{j2\pi\zeta x} \tag{2.42}$$

式中 $\zeta = \sin\theta/\lambda$,$\theta$ 为参考光与记录平面法线的夹角,(x, y) 为记录平面上的位置坐标。设图像 A 和 B 在记录平面上的光场分布分别为 $A(x,y)$ 和 $B(x,y)$,则记录图像 A 时,全息图面上的光强分布为

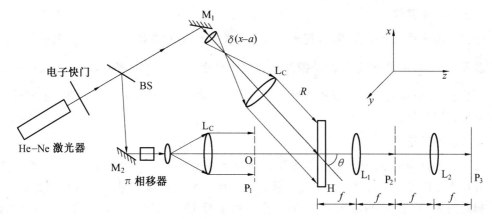

图 2.31 用全息法实现图像相减的实验光路

$$I_A(x,y) = |A+R|^2 = |A|^2 + |R|^2 + R^*A + RA^* \tag{2.43}$$

记录图像 B 时,物光引入了相移 π,变为 $B(x,y)e^{i\pi}$,故全息图面上光强分布变为

$$I_B(x,y) = |-B+R|^2 = |B|^2 + |R|^2 - R^*B - RB^* \tag{2.44}$$

经过两次曝光后,总的光强分布为

$$I(x,y) = I_A(x,y) + I_B(x,y) =$$
$$|A|^2 + |B|^2 + 2|R|^2 + R^*(A-B) + R(A^*-B^*) \tag{2.45}$$

设全息底片工作于线性区内,则经显影,定影等影像处理后的全息图,其透过率为

$$\tau = \tau_0 + \beta I = \tau_0 + \beta [|A|^2 + |B|^2 + 2|R|^2 + R^*(A-B) + R(A^*-B^*)] \tag{2.46}$$

式中 τ_0、β 为常数($\beta<0$)。重现时,对全息图进行傅里叶变换,有

$$\tilde{\tau} = \xi\{\tau\} = \xi\{\tau_0 + \beta I\} =$$
$$\xi\{\tau_0 + \beta[|A|^2 + |B|^2 + 2|R|^2 + R^*(A-B) + R(A^*-B^*)]\} \tag{2.47}$$

其中有一项为

$$\xi\{\beta R^*(A-B)\} = \xi\{\beta A_R(A-B)e^{j2\pi\xi x}\} =$$
$$\beta[\tau_A(x'-x) - \tau_B(x'-x)] \tag{2.48}$$

式中 τ_A、τ_B 分别相应于图像 A 和 B 的振幅透过率,符号 ξ 表示傅里叶变换。式(2.48)显然,实现了图像 A 和 B 的相减,可以在频谱面 P_2 上确定位置找到相减图像的频谱。

四、实验仪器

He-Ne 激光器(40 mW 左右)1 台;电子快门 1 个;分束镜 1 个;反射镜 1 个;扩束镜 2 个;傅里叶变换透镜 2 个;干板架 3 个;准直透镜 2 个;相移器 1 个;被拍摄的图像(透明片)1 个;观察屏 1 个;全息干板若干小块。

五、实验步骤

1. 光路布置

按图 2.31 所示布置实验光路。注意使物光束与参考光束间的夹角 θ 控制在 30~50°之间;两束光至干板中心的光程相等;物、参光强比控制在 1∶2~1∶5 之间。

2. 选择 π 相移器

用二次曝光法实现图像相减，其成功与否的关键是 π 相移器的选用。实现相移 π 的方法有多种。例如，采用 π 相移器（$\frac{\lambda}{2}$ 波片），或在液槽中滴入 NaCL 溶液，以改变液槽中溶液对光的折射率，浓度适当时可以使通过的物光发生 π 相移……最好在实验前就由实验室事先将 π 相移器调好。

3. 二次曝光记录

为了便于在暗室中操作，可先将图像 A 和 π 相移器都安放在光路中，并挡去图像 A 的一部分作为图像 B。因此第一次曝光实际是对已经发生 π 相移的图像 B 进行全息记录，然后去掉对图像 A 的遮挡屏和 π 相移器，作第二次曝光，即对图像 A 进行了全息记录，这样就完成了对全息图的二次曝光记录。

4. 底片处理

对此二次曝光全息底片的处理程序与一般全息照相相同。由于在处理过程中乳胶可能产生收缩，为了能使全息图精确对位，最好在经显影、定影处理后，再将全息片进行反皱缩处理。办法是把已处理好的全息图浸泡在三乙醇胺中，使其膨胀到记录时的厚度，三乙醇胺的浓度一般取 7.5% 左右。另一种办法是已发生皱缩的全息图经甲醇溶液浸泡后，再放入异丙醇中浸泡处理。

5. 观察图像处理相减效果

将经过上述处理的二次曝光全息图放回光路中，遮住物光束，以参考光照明全息图，这时在输出平面 P_3 上，将显示出两图像的差异部分（即图像 A 被挡去的部分）。

六、问题与讨论

1. π 相移器的相移效果可以采用马赫-曾德干涉仪进行检验，试说明检验的原理和具体办法。

2. 利用 π 相移器有可能实现两图像的实时相减，请提出一个设计方案，并对其作简要的说明。

实验十四　用双曝光法研究灯泡内气体密度随温度的变化

一、实验目的

1. 掌握二次曝光法全息干涉术的基本原理。
2. 用二次曝光法获得灯泡内气体密度随温度变化形成的全息图。若有条件将全息图再现获得光信号转变成电讯号输入计算机进行定量计算。

二、实验原理

二次曝光法是全息干涉术的一种方法，它是对物体两种不同的状态在同一记录介质上的相继进行两次全息记录，对两次曝光后的干板进行常规的暗室处理。在再现光的照明下，同时再现出两个物光波,这两个物光波相干涉产生一组干涉条纹。对干涉条纹进行分析和测量,可了解两个物光波的微小变化。本实验采用物体三维的全息照相光路,两次曝光的方法拍摄泡内气体密度变化前后的两种状态所形成的全息图,由全息图再现像上的条纹可分析出灯泡内气体密度随温度的变化情况。

三、实验光路

实验光路如图 2.32 所示。

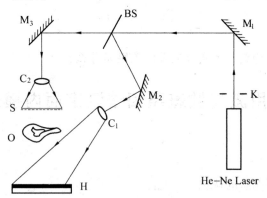

图 2.32 二次曝光法研究灯泡气体密度随温度变化的光路

四、实验仪器

He-Ne Laser:氦氖激光器;M_1、M_2、M_3:全反射镜;BS:连续分束镜;C_1、C_2:扩束镜(40×);S:毛玻璃片;O:白炽灯泡;H:全息干板;另:孔屏、干板架(2个)、灯泡支架、调压器、光强测量仪、曝光定时器、光开关、电线、黑纸、暗室设备一套(显影液、定影液、安全灯、水盘、量杯、流水冲洗设备)等。

五、实验步骤

1. 点燃激光器,调整由激光器出射的光束与工作台面平行,用自准直方法调整各光学元件的表面与激光束的主光线垂直。

2. 排迈克尔逊干涉实验光路,检查工作台的稳定性,如稳定性不符合要求,找出原因,调整合格。

3. 按图 2.32 所示依次放入光学元件,特别注意以下几点:

(1)毛玻璃的尺寸应大于灯泡尺寸,由扩束镜 C_2 出射的扩束光斑要完全覆盖毛玻璃,使灯泡均匀被激光束照明。

(2)灯泡应使用充气灯泡。灯泡的电线接在调压器的输出端上,调压端的输入端插在 220 V 电源上。

(3)物光、参考光在记录介质 H 处的光强比为 1∶1~1∶2(用光强测量仪测量)。

(4)物体、参考光夹角大于 45°。

4. 先将调压器调到电压为零处,即在灯泡完全熄灭的情况下曝光一次,用黑纸屏蔽已曝光一次的全息干板,将调压器调至适当的位置(在教师的指导下),灯泡燃亮,持续数分钟再进行第二次曝光(用曝光定时器控制光开关进行曝光)。

5. 将两次曝光后的全息干板进行常规的显影、定影、水洗、干燥等处理得到一张双曝光全息图。

6. 把全息图放回原干板架,遮挡物光,用原参考光照明全息图,可看到灯泡的虚像,像上有清晰的干涉条纹。

7. 用光电转换系统将再现像的光波信号,转换为电讯号输入计算机进行计算,得出灯泡内气体密度随温度变化的情况。

六、问题与讨论

双曝光干涉法有何特点?本实验成败的关键是什么?

实验十五 用激光散斑照相法测定面内横向微小位移

一、实验目的

1. 加深对激光散斑性质的认识。
2. 掌握激光散斑照相法测定面内微小位移的原理。
3. 用激光散斑照相法测定面内横向微小位移。

二、实验原理

用准直激光束照射散射体(如毛玻璃),散射体后面的空间出现菲涅尔散斑分布,在距离散射体 Z 处,用全息干板记录散斑图。散斑的强度分布为随机函数 $g(x,y)$。沿 x 方向横向移动 H 或 P_0,移动量为 x_0,对同一全息干板再曝光一次,两次曝光的时间相同。这样记录的散斑强度应是两次曝光记录的强度之和,即

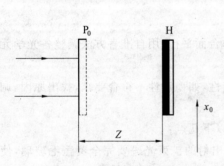

图 2.33 菲涅尔散斑的产生

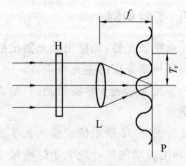

图 2.34 频谱面上的强度分布

$$I(x,y)=g(x,y)+g(x-x_0,y) \quad (2.49)$$

利用 δ 函数的性质

$$I(x,y)=g(x,y)*[\delta(x,y)+\delta(x-x_0,y)] \quad (2.50)$$

对全息干板进行线性曝光,显影后干板的透过率(系数)t 与光强成线性关系,即

$$t=\alpha+\beta I=\alpha-\beta\{g(x,y)*[\delta(x,y)+\delta(x-x_0,y)]\} \quad (2.51)$$

将处理好的全息片再作一次傅里叶变换,便能在它的频谱分布中得到空间周期由 x_0 决

定的杨氏干涉条纹,通过测量条纹间距离 T_x,能算出 x_0 的大小。

将处理好的全息片放在图 2.34 的光路中,并使其位于透镜 L 的前焦面上,则在 L 的后焦面上得到其透射率的频谱,即 t 的傅里叶变换。

$$T(\xi,\eta)=F[t]=\alpha\delta(\xi,\eta)-\beta G(\xi,\eta)[1+\exp(j2\pi\xi x_0)] \tag{2.52}$$

式(2.52)中 $\xi=\dfrac{x'}{\lambda f},\eta=\dfrac{y'}{\lambda f}$,右边第一项 $\alpha\delta(\xi,\eta)$ 表示点光源的几何像点,位于焦点上。焦平面上其他地方的光强度分布 I 由式(2.52)中第二项表示,即

$$I\infty|G(\xi,\eta)[1+\exp(j2\pi\xi x_0)]|^2=4|G(\xi,\eta)|^2\cos^2(\pi\xi x_0) \tag{2.53}$$

可见在频谱面上的观察屏上得到的强度分布是这样的,除中心有一亮点以外,是一组余弦条纹,其振幅值受到散斑像频谱的调制。余弦条纹在 x 方向的空间周期 T_x(条纹间距)与 x_0 成反比,其关系式为

$$T_x=\frac{\lambda f}{x_0} \tag{2.54}$$

即

$$x_0=\frac{\lambda f}{T_x} \tag{2.55}$$

式中 λ 为激光波长,f 为透镜焦距。

三、实验光路

实验光路如图 2.35 所示。

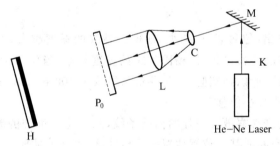

图 2.35　用激光散斑照相法测定面内横向微小位移记录光路

四、实验仪器

He－Ne Laser:氦氖激光器;C:扩束镜;L_1、L_2:准直透镜;P_0:毛玻璃屏;H:全息干板;另:读数显微镜、孔屏、干板架 2 个(其中一个的 x 方向带千分尺微调旋钮)、光开关、曝光定时器、暗室设备一套等。

五、实验步骤

1.点燃激光器,利用孔屏调整由激光器出射的激光束与工作台平行,用自准直法调整各光学元件的表面与激光束的主光线垂直。

2.按图 2.35 所示依次加入光学元件,先调扩束镜 C 和透镜 L 的位置,使其共焦点,从透镜 L 出射的光线为平行光。

3.将调整好的平行光垂直照射毛玻璃 P_0,在 P_0 后面适当位置(与 P_0 之距离为 Z)放全息

干板(L 小时灵敏度高),稳定 1 min 后作第一次曝光。

4. 横向移动全息干板或毛玻璃屏(二者等价)使其产生一个微小位移(1/100 mm 数量级),稳定后用同一个全息干板做第二次曝光(曝光量与第一次相同)。

5. 取下全息干板,进行常规的暗室处理,显影时注意控制在干板特性曲线的线性部分。

6. 如图 2.36 所示,用准直后的平行光照射处理好的激光散斑图,在散斑图的后面放置透镜 L,L 的前焦面与散斑图重合,在 L 的后焦面放置毛玻璃 P_0,观察毛玻璃屏上的杨氏条纹。

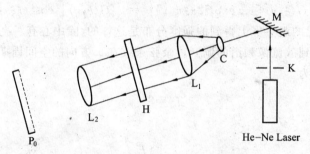

图 2.36　获得杨氏条纹光路

7. 用读数显微镜测出条纹间距 T_x,代入式(2.55)计算出位移量 x_0,将此数值与用千分尺测得的位移量进行比较,二者应该相等。

8. 在接收杨氏条纹的毛玻璃屏处放置全息干板,记录下杨氏条纹。

六、问题与讨论

1. 由式(2.54)可看出,位移量 x_0 越小,则杨氏条纹的宽度越大,但位移量不能无限减小,它必须大于散斑直径,位移量越大,杨氏条纹的宽度越小,当位移量大于一定值时,条纹密集程度太大无法观察。所以在实验中,位移量只能取 1/100 mm 数量级的一个很小的数,实验由此得名叫"侧面内微小位移"。

2. 也可以不用透镜来观察散斑照片的杨氏条纹,只需将一束细的激光束直接照到处理好的散斑图上,在其后空间的某一位置放置一毛玻璃屏,可在毛玻璃屏上看到杨氏条纹。

3. 为了提高杨氏的锐度,可在拍摄散斑像时采用多次曝光的方法,若每次曝光时间相同,移动间距相等,得到的将是与等振幅等位相差的多束光干涉相同的条纹,这样就提高了条纹的锐度。

实验十六　θ 调制空间假彩色编码

一、实验目的

1. 掌握 θ 调制法假彩色编码的原理。
2. 用简单的二维黑白图像作为输入,利用 θ 调制空间假彩色编码的方法得到彩色的输出像。

二、实验原理

1. θ 调制技术是阿贝成像原理的一种巧妙应用，它将原始像变换成为按一定角度的光栅调制像，将该调制像置于 $4-f$ 系统中用白光照明并进行适当的空间滤波处理，实现假彩色编码得到彩色的输出像，下面讨论其原理。

阿贝成像原理的启示：物是一系列不同空间频谱的信息组合，相干成像分两步完成，如图 2.37 所示，第一步入射光经物平面 (x,y) 发生夫琅和费衍射，在透镜的后焦面（F）上形成一系列衍射斑（即物的频谱），这一步称为"分频"。

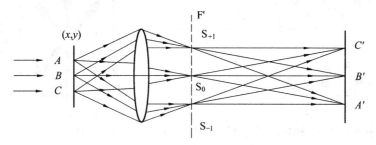

图 2.37　阿贝成像原理

第二步是干涉合成，即各衍射斑发出的球面波在像平面上相干叠加，像就是像平面的干涉场，这一步称为"合频"。这就给出一个启示，任何一个物，都具有与之对应的确定的空间频谱，可以通过改造频谱的手段来改造物信息，得到预设计的输出像。这一点用各种空间滤波器在频谱上滤波很容易，本实验这一部分用 $4-f$ 系统来实现。其数学描述在空间滤波的实验中已详细讨论，此处不再重复。

2. 用光栅来调制二维图像进行编码拍照，在一透镜的前方放置一矩形光栅，当用一单色平面波垂直照射光栅时，在透镜的后焦面（即频谱面上形成光栅衍射的离散频谱点，其排列方向垂直光栅线的方向，如图 2.38 所示）。设计一个二维图像，该图像由 A、B、C 三个部分组成，在马赫-曾德干涉光路中把 A、B、C 三部分图像制成三个不同方向的光栅，则频谱面上的离散频谱点也有对应的三个方向。这样二维图像就受到不同方向光栅的调制，完成编码拍照的过程，如图 2.39 所示。

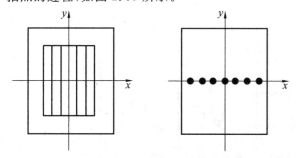
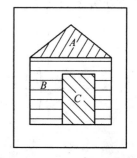

图 2.38　一维光栅的频谱　　图 2.39　输入面上放置由不同方向光栅组成的图像

3. 空间滤波实现空间假彩色编码，得到彩色的输出像。在 $4-f$ 系统的输入面，放上拍好用的不同方向光栅组成的二维图像，用准直白光照射物平面，白光由各种波长的光（也就是不同颜色的光）组成，不同波长的光的非零级谱点与系统光轴夹角不同，所以在频谱面上的频谱就成为彩色（每个谱点按波长长短，从里向外按红、橙、黄、绿、青、蓝、紫的顺序排列）。

每一部分图形对应一列频谱。按设计的颜色在频谱面上放滤波器,让预计的颜色通过,如图形 A 对应的一列频谱中只让每一级谱点中的黄色通过,则输出像上 A 部分为黄色。

同理,可按照需要输出面上的 B、C 部分成为红色、绿色等,从而得到彩色的输出像(如图2.40~2.43所示)。由于这种方法利用不同方位的光栅对图像进行调制,因此成为 θ 调制法。又因为它是将图像中不同方位的空间物体编上不同的颜色,故又称为空间假彩色编码。

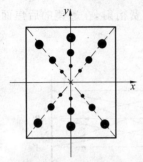 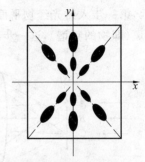

图 2.40　三组光栅各自对应一列频谱(单色光照明时)　　图 2.41　白光照明时频谱面上谱点成彩色

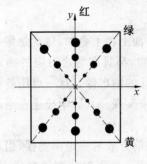 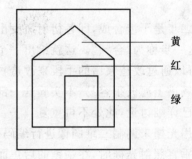

图 2.42　进行空间滤波,A、B、C 图形对立的
　　　　频谱上只放过黄、红、绿色部分

图 2.43　输出面上得到彩色像

三、实验光路

实验光路如图 2.44 所示。

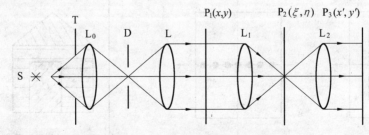

图 2.44　θ 调制法空间假彩色编码

四、实验仪器

S:白光点光源(如 150 W 乌卤素灯、溴钨灯);T:光屏;D:小孔光栏;L_0:聚光透镜;L:准直透镜;L_1、L_2:傅里叶透镜;P_1:输入面(物面);P_2:频谱面;P_3:输出面(像面);马赫-曾德干

涉实验用的仪器：氦氖激光器、全反射镜（4个）、50%分束镜2个、扩束镜、准直镜、全息干板、暗室设备一套、透镜、可调方位干板架；另：滤波器调节架（支持滤波小孔）、孔屏、白屏、干板架（3个）等。

五、实验步骤

1. 设计一个二维图形（如原理图中由 A、B、C 三部分组成的图像），预计输出像上 A 为黄色、B 为红色、C 为绿色。

2. 做三块尺寸完全一样的硬纸板，按同样的相对位置分别画上二维图形。在第一块硬纸板上将 A 部分图形雕空；在第二块纸板上将 B 部分图形雕空；在第三块纸板上将 C 部分图形雕空。

3. 按马赫-曾德干涉实验光路（方法参看马赫-曾德干涉实验），使两束平行光在干板 H 的位置发生干涉。

4. 按设计的光栅空频 $\nu=100$ 线对/mm（或 50 线对/mm）算出 x_0，$x_0=\lambda f\nu$。其中 λ 为激光波长；f 为透镜 L 的焦距；ν 为光栅的空间频率。将透镜 L 置于两束光的重合处，白屏置于 L_2 的后焦面上。测量白屏上得到的两汇聚光点的距离 x_0'，如 x_0' 与 x_0 不符，则调节 BS 的旋转按钮，直到 $x_0'=x_0$ 为止。

5. 去掉透镜 L_2，关闭光开关，在两束光重叠处放可调方位干板架。将全息干板装在干板架上，使其药面对光，将第一块硬纸板插在干板之前曝光一次（约几秒）；取下第一块硬纸板换上第二块硬纸板，并将第二块硬纸板和干板架一起旋转 60°，又曝光一次；取下第二块硬纸板换上第三块硬纸板，第三块硬纸板和干板一起向同前的方向旋转 60°，第三次曝光。每次曝光时间相同，每张硬纸板和干板的相对位置一致。

6. 将三次曝光的干板在暗室进行常规的显影、定影、水洗、晾干等处理，得到一张由三个不同方向光栅组成的二维图像。

7. 用白光再现编码图像：按图 2.44 所示依次放入光学元件排好光路。白光光源用乌卤素灯，L_0 的作用是聚焦，L_1 的作用是准直获得平行光。L_1、L_2 为傅里叶变换透镜，L_1 对物函数进行傅里叶正变换得到物的频谱，L_2 对频谱进行傅里叶逆变换，将频谱还原成像。在频谱面上放小孔滤波器，或者更简易的方法，放一张白纸屏在频谱面上，得到三组彩色的频谱点。在图形 A 对应的一组频谱中，在纸屏上扎小孔，让这组频谱中的黄色通过。图形 B 对应的一组频谱中让红色通过。图形 C 对应的频谱中让绿色通过。在像平面上图形 A 就成为黄色，图形 B 成为绿色，图形 C 成为红色，得到彩色像。彩色像的颜色可通过在频谱面上不同颜色上的谱点部分扎孔实现，并任意调色。

六、问题与讨论

编码拍摄时，干板与图案硬纸板之间不能有任何一点相对移动，三次曝光过程中，干板固定在同一位置，换上的硬纸板图案每次都应放在相同位置，否则导致实验失败。

1. 实验过程中，得到的输出像往往出现串色现象，这是怎样引起的？应采取什么措施来克服串色现象？

2. 用白光再现时，大部分光能向四周辐射损失掉，光能利用率低，再现亮度不大，可从哪些方面改进？

第 3 章 提高篇——设计性综合实验

实验十七 高频全息光栅

一、实验目的

1. 掌握空间频率较高的全息光栅原理及制备方法。
2. 实际制备高空频的全息光栅。

二、实验原理

当波长为 λ 的两束平行光 Ⅰ、Ⅱ（其夹角为 θ）在交叠区相干时，相邻干涉条纹间的距离，即全息光栅的光栅常数 d 为

$$d = \frac{\lambda}{2\sin\frac{\theta}{2}} \tag{3.1}$$

光栅的空间效率 ν 为

$$\nu = \frac{1}{d} = \frac{2\sin\frac{\theta}{2}}{\lambda} \tag{3.2}$$

在 λ 一定的情况下，欲提高光栅的空频，唯一的办法就是增大两束平面光之间的夹角 θ。马赫-曾德干涉光路不能满足这一要求。对于制备空间频率较高的全息光栅，应采用三角形干涉光路，如图 3.1 所示。

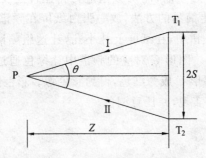

图 3.1 三角形干涉光路原理

Ⅰ、Ⅱ两束平行光在 P 点相干，在 PT_1T_2 这个等腰三角形中，设其底边为 $2S$，高为 Z

$$\sin\frac{\theta}{2} = \frac{S}{\sqrt{S^2 + Z^2}} \tag{3.3}$$

将式(3.3)代入式(3.1)，可求得

$$d = \frac{\lambda}{2}\frac{\sqrt{S^2+Z^2}}{S} = \frac{\lambda}{2}\sqrt{1+\left(\frac{Z}{S}\right)^2} \tag{3.4}$$

$$\nu = \frac{1}{d} = \frac{2}{\lambda}\frac{1}{\sqrt{1+\left(\frac{Z}{S}\right)^2}} \tag{3.5}$$

因此,要改变光栅的空间频率,就不必直接去改变 θ 角(那是很不方便的),而只要改变等腰三角形 PT_1T_2 的底和高的长度就可以了。实际制作时可根据设计要求的 d 和 ν,由式(3.4)或式(3.5)算出 S、Z 的值再排光路。

为使控制、改变光栅常数的工艺进一步简化,设计一种控制标尺,如图 3.2 所示。取 S 的三个定值求出相应的 Z 的三个长度的变化范围,计算后作成标尺以便定位。这三种情形可以摄出从 1 458 线对/mm 连续变化到 285 线对/mm 的各种全息光栅,见表 3.1。

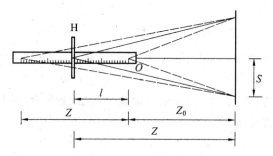

图 3.2 用标尺控制光栅空间频率

表 3.1 三把标尺所摄的光栅空频范围

S/cm	52	26	20
Z/cm	100～200	100～181	139～221
Z_0/cm	100	100	139
Z/cm	100	81	82
ν/(线对·mm^{-1})	1 458～795	795～450	450～285

这样就可以制作三把标尺,放在图 3.2 所示的位置。这三把标尺刻线位置可由对应的光栅空间频率 ν 按式(3.6)计算,见表 3.2。

$$l = Z - Z_0 = \sqrt{\left(\frac{2S}{\nu\lambda}\right) - S^2} - Z_0 \tag{3.6}$$

如对 $S = 52$ cm, $Z_0 = 100$ cm 的情况,可用式(3.6)算出一组 l 值,列表 3.2 备用。

表 3.2 不同线对数对应的 l 值

ν/(线对·mm^{-1})	1 458	1 450	1 440	…	1 100	…	810	800	795
l/cm	0	0.71	1.60	…	40.07	…	96.12	98.75	100

三、实验光路

实验光路如图 3.3 所示。

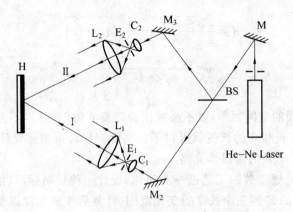

图 3.3　高空频全息光栅记录光路

四、实验仪器

He-Ne Laser：氦氖激光器；M_1、M_2、M_3：全反射镜；C_1、C_2：扩束镜(40×)；BS：分束镜(50%分束比)；L_1、L_2：准直镜($f=250$ mm)；H：全息干板；另：平行平晶、干板架、孔屏、白屏、光强测量仪、曝光定时器、光开关、读数显微镜、暗室设备一套(包括显影液、定影液、安全灯、水盘、量杯、流水冲洗设备)等。

五、实验步骤

1. 按照求得的 S、I、Z_0 的值排三角形光路如图 3.3 所示，为得到最好的调制度，分束镜的透反比选为 50%。
2. 曝光并进行常规的暗室处理得高频光栅。

六、问题与讨论

在需要制作多种不同频率的高频光栅时，用标尺计算控制改变空频的方法十分方便，例如只是制作一种空频的原理性实验，可不用标尺，直接由设计的空频 ν 和给定的 S 算出 Z 即可。

1. 用三角形干涉光路可不可以制造低频光栅？试比较三角形干涉光路和马赫-曾德干涉光路的调节有哪些异同？
2. 试计算出三角形干涉光路能制作光栅的空间频率范围。

实验十八　复合光栅

一、实验目的

1. 掌握复合光栅的原理及制备方法。
2. 观察莫尔现象，清楚莫尔条纹形成的基本原理。
3. 制作一块空间频率 $\nu_1=100$ 线对/mm，$\nu=102$ 线对/mm，莫尔条纹 $\Delta\nu=2$ 线对/mm 的复合光栅，供以后光学微分实验用。

二、实验原理

所谓复合光栅是指在同一张全息干板上拍摄两个栅线平行,但空间频率不同的光栅。复合光栅采用二次曝光法来制备,第一次曝光拍摄空间频率为 ν_1 的光栅,然后改变光栅的空间频率(光栅的方向不变),在同一块干板上进行第二次曝光拍摄空间频率为 ν_2 的光栅。如果两个光栅的方向严格平行,则复合光栅的莫尔条纹的空间频率 ν_t 是 ν_1 和 ν_2 的差频,即

$$\nu_t = \Delta\nu = |\nu_1 - \nu_2| \tag{3.7}$$

本实验中,要求制作 $\nu_1 = 100$ 线对/mm, $\nu_2 = 102$ 线对/mm 或 98 线对/mm,则莫尔条纹的间频率 $\nu_t = |\nu_1 - \nu_2| = 2$ 线对/mm,如图 3.4 所示,Ⅰ、Ⅱ 两束平行光在 P 处相干涉,干涉条纹间距 d 为

$$d = \frac{\lambda}{\sin\theta_1 + \sin\theta_2} = \frac{\lambda}{2\sin\frac{1}{2}(\theta_1+\theta_2)\cos\frac{1}{2}(\theta_1-\theta_2)} \tag{3.8}$$

拍摄复合光栅是在马赫-曾德干涉光路中进行的。在实验中改变光栅空频的方法有两种,其一是微调全反射镜 M_1 的"旋转"旋钮,使 M_1 沿水平方向转一个小角度,以改变两束平行光的会聚角 θ;其二是微调干板架支座的"旋转"旋钮,使干板平面在水平方向旋转一个微小角度,以改变 $(\theta_1-\theta_2)$,从而改变干涉条纹间距 d 亦改变光栅的空频。两种方法都可以使用,但第二种方法较好,因为对于一定的 $\Delta\nu$,第二种方法所需的调节量较大,容易调节准确。

如图 3.5 所示,当干板 H 的法线与光束 Ⅰ、Ⅱ 夹角平行线重合(实线位置)时,干涉条纹的空间频率为

$$v_1 = \frac{2\sin\frac{\theta}{2}}{\lambda} \tag{3.9}$$

如果将干板转动一个角度 φ,则干涉条纹的空频变为 ν_2,即

$$v_2 = \frac{2\sin\frac{\theta}{2}}{\lambda}\cos\varphi = v_1 \cos\varphi \tag{3.10}$$

莫尔条纹的空间频率为

$$\Delta\nu = |\nu_1 - \nu_2| = \nu_1(1-\cos\varphi) \tag{3.11}$$

可由 ν_1 和 $\Delta\nu$ 来计算干板应转动的角度 φ。本实验要求 $\nu_1 = 100$ 线对/mm, $\Delta\nu = 2$ 线对/mm,则

$$\varphi = \arccos\frac{\nu_1 - \Delta\nu}{\nu_2} \arccos\frac{100-2}{100} = 11°30' \tag{3.12}$$

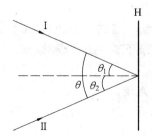

图 3.4 两束平行光相干涉

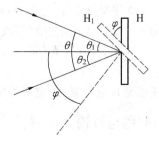

图 3.5 旋转干板改变光栅空频

三、实验光路

实验光路如图 3.6 所示。

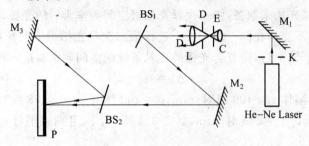

图 3.6 复合光栅实验光路

四、实验仪器

He-Ne Laser：氦氖激光器；M_1、M_2、M_3：全反射镜（M_2、M_3 为 Φ60 mm）；C：扩束镜（40×）；L：准直透镜（$f=250$ mm）；L_0：透镜 BS_1、BS_2：50%分束镜；E：针孔滤波器；D：光阑；P：白屏；另：孔屏、尺、白屏、带旋转微调支座的干板架、光开关、曝光定时器、读数显微镜、暗室设备一套（显影液、定影液、安全灯、水盘、量杯、流水冲洗设施）等。

五、实验步骤

1. 点燃激光器，调节激光器输出的光束与工作台面平行，用自准直法调整各光学元件表面与激光束的主光线垂直。

2. 按光路图 3.6 所示依次加入光学元件，调整好马赫-曾德光路。用自准直法使光束 I 的光轴与屏 P 面垂直。

3. 按照设计的 $\nu_1=100$ 线对/mm，$\nu_2=102$ 线对/mm，用式(2.16) $x_0=\lambda f \nu$ 计算出 x_{01} 和 x_{02} 之值。

4. 在 P 处放置焦距为 f 的透镜 L，在 L 的焦面上放置白屏，从屏上可以观察到光束 I 和光束 II 形成的亮点。微调 BS_2 的"旋转"旋钮，使得两个亮点沿水平方向拉开，至拉开的距离为 x_{01} 时为止。

5. 撤去透镜 L，把白屏移到干涉区，用读数显微镜观察白屏上的干涉条纹，微调 BS_2 的"俯仰"旋钮，使干涉条纹垂直于工作台面。

6. 关闭光开关，调整好曝光定时器的曝光时间，取下白屏换上全息干板 H，稳定 1 min 后通过曝光定时器控制开关进行曝光，曝光时间数秒钟（对几毫瓦功率的激光器来说）。记录下 $\nu_1=100$ 线对/min 的光栅条纹。

7. 微调干板架支座的"旋转"按钮，使全息干板沿水平方向旋转一个角度 φ（本实验中计算出 $\varphi=11°30'$），再次曝光（曝光时间与第一次相同），记录下 $\nu_2=102$ 线对/min 的光栅条纹。

8. 按照常规进行显影、定影等暗室处理后得到一复合光栅。

六、问题与讨论

如何实现 φ 角的改变呢？如果干板支座调节系统中有角度的刻度，那当然很方便。一

般情况下可作一简单的计算。如图 3.7 所示,"旋转"旋钮微调螺钉的螺距为 s,调节点到转轴的距离为 r,则

$$\tan \varphi = \frac{ns}{r} \tag{3.13}$$

式中 n 为微调旋转旋钮的圈数。
即

$$n = \frac{r}{s} \tan \varphi \tag{3.14}$$

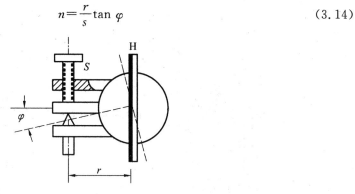

图 3.7 干板的方位微调

1. 制备复合光栅成败的关键在哪里？有哪些特别要注意的地方？结合实验谈谈你的体会。

2. 莫尔条纹是怎样形成的吗？一定要有两块实际光栅重叠在一起才能产生莫尔条纹吗？如果光栅的两个实像或两个虚像重叠,或者一个实际光栅和一个光栅像重叠,能产生莫尔条纹吗？

实验十九　全息存储系统设计与实现

一、实验目的

1. 掌握应用傅里叶变换全息图进行图文信息高密度存储的原理和光路设计,并做出相应的实验结果。
2. 分析实验光路中对各光学元件的要求,从而加深对光路设计的理解。

二、实验原理

1. 全息存储基本原理

全息照相对信息的大容量、高密度存储是利用傅里叶变换全息图,把要存储的图文信息制作成直径约为 1 mm 的点全息图,排成点阵形式。由现代光学原理知道,透镜具有傅里叶变换性质,当物体置于透镜的前焦面上时,在透镜的后焦面上就得到物光波的傅里叶变换频谱,形成谱点,其线径约为 1 mm;如果在引入参考光到频谱面上与之干涉,便可在该平面记录下物光波的傅里叶变换全息图。其基本光路原理图如图 3.8 所示,He-Ne 激光器发出的激光束经过分束镜 BS 分成两束,一束作为物体的照明光(物光 O),另一束作为参考光 R。

物光经过扩束-准直后照明待存储的图像或文字（物），经图文资料衍射的光波由透镜 L_3 作傅里叶变换，在记录介质面 H（透镜 L_3 的后焦面处）与参考光 R 相干涉，形成傅里叶变换点全息图。这些按页面方式存储的点全息图可以拍成二维或三维阵列存储在记录介质上，也可以像 CD 唱片的旋转轨迹那样，排列存储在圆盘上。当记录介质乳剂层很薄时，记录的是平面全息图；当记录介质乳剂层较厚时，在感光乳剂中可以记录层状干涉条纹，形成体积全息图。

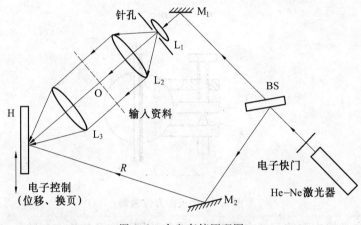

图 3.8　全息存储原理图

2. 全息存储的记录方式

在全息存储中，既要考虑高的存储密度，又要使重现像可以分离，互不干扰。故常常采用以下两种记录方式。

（1）空间叠加多重记录。在全息图底片乳胶层的同一体积空间，一边改变参考光的入射角，一边顺次将许多信息重叠曝光，进行多重记录。重现时，只需采用细激光束逐点照明各个点全息图，在其后适当距离的屏幕上观察，通过改变重现照明光的入射角就能读取所记录的各种信息。

（2）空间分离多重记录。把待存储的图文信息单独地记录在乳胶层一个一个微小面积元上（即前述点全息图），然后空间不相重叠移动全息图片，于是又记录下了另一个点全息图。如此继续不断地移位，便实现了信息的点阵式多重记录。信息的读取是通过改变再现光入射点的位置来实现的。

计算表明，光学全息存储的信息容量要比磁盘存储高几个数量级，而体全息图存储的密度又比平面全息图大得多。用平面全息图存储信息时，理论存储密度一般可达 10^6bit/mm^2，而体全息图的存储密度却可高达 10^{13}bit/cm^3。

三、实验仪器

He-Ne 激光器（40 mW 左右）1 台；扩束镜 1 个；电子快门 1 个；分束镜 1 个；反射镜 2 个；Φ100 准直镜 1 个；Φ100 傅里叶变换透镜 1 个；待存储的图文资料玻璃板若干块；可变光阑 2 个；普通干板架 1 个；观察屏 1 个；全息干板若干小块。

四、实验步骤

1. 首先准备几份实验用的存储资料原稿,它们可以是图像、文字资料等,然后将其制成透明片,并分别贴在洁净的玻璃板上。

2. 布置实验光路。按图3.8所示选择适当的光学部件布置实验光路。扩束镜 L_1 与准直镜 L_2 构成共焦系统,在其共焦点上可安置针孔滤波器。准直镜 L_2 与变换透镜 L_3 的口径要适当选大些,使其通过的光束直径略大于待存储资料原稿的对角线。为了充分利用光能,L_2 和 L_3 应选用相对孔径大的透镜。为了便于记录全息存储点阵,全息干板应安装在沿竖直和水平方向都可移动的移位器上。调整光路时,应先把 H 放在 L_3 后焦面上,然后向后移动造成一定离焦量(离焦量大小约为 $0.01f'_3 \sim 0.03f'_3$),离焦的目的在于使物光束在 H 上的光强分布均匀,从而避免造成记录的非线性。参考光束 R 的光轴与物光束的光轴在 H 上相交,两者的夹角控制在 30°～45°之间。还应使参考光斑与物光斑在 H 上重合,参考光斑直径应大于选定的点全息图直径,以便全部覆盖整个物光斑。

3. 记录全息图点阵。按照上述光路布置,每沿竖直或水平方向移动干板架适当距离(例如 3～5 mm),记录一个点全息图,如此反复操作,可将多张资料原稿记录成全息点阵,本实验至少要求记录3×3个点阵。记录过程中,为了避免全息干板玻璃面反射光的有害影响,可在玻璃面上贴一张经过清水浸泡过的墨纸。最后经过显影、定影和漂白、烘干等处理后,即得到所需要的高密度存储全息图。

4. 重现。将处理后的全息片放回到干板架,挡住物光束,用原参考光束作为重现光束,逐一移动干板架使参考光束照明每个点全息图,在全息图片后面一定位置用毛玻璃即可接收到各个点全息图中所存储的原稿的放大像。为使重现像清晰,应仔细调整移位器,使重现光束准确覆盖整个点全息图。

五、注意事项

1. 本实验成败的关键在于适度离焦的物光斑和细束参考光斑必须在 H 面上重合,否则不能获得干涉效应。

2. 由于所记录的全息图属于点阵全息图,光强很集中,因而曝光时间应很短,一般在 1～2 s 即可,曝光时间过长将破坏乳胶层。

3. 当存储资料为文字时,由于提供的文字信号是二进制的,且只需勾画出字迹即可。因此,对光路的要求不高,光路中也可不加针孔滤波器;但在存储灰度图像时,要求加针孔滤波器,且光路必须洁净,否则重现图像上要引起相干噪声斑纹。

实验二十 全息阵列透镜的设计与实现

一、实验目的

1. 掌握全息透镜阵列的设计与制作要素,并制作一张 2×2 全同的全息透镜阵列。

2. 掌握透镜阵列对光束的变换,理解 2×2 全息透镜阵列实现全混洗光互连的原理。

二、实验原理

1. 点源全息透镜的制作原理

图 3.9 所示为点源全息透镜的制作原理。点光源 A 发出发散的球面波，B 则是一个会聚球面波的交点，两光波相干。在两束光相重叠的干涉场内，放置一种全息记录介质，通过曝光、显影和定影等处理，就可以制成全息透镜。

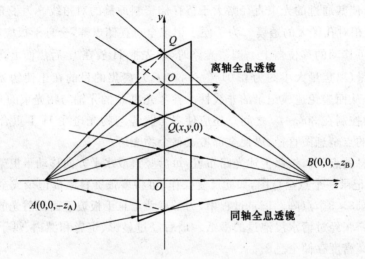

图 3.9 全息透镜的记录及其光栅结构

全息透镜的特性可以用它的透射系数来表征。设两光波在记录介质表面的复振幅分别为

$$A = A_0 \exp(j\varphi_A) \qquad B = B_0 \exp(j\varphi_B) \tag{3.15}$$

式中 A_0、B_0 代表振幅，φ_A、φ_B 是相对于坐标原点（即透镜中心）的位相函数。如图 3.9 所示，即

$$\varphi_A = k_0(\overline{QA} - \overline{OA}) \qquad \varphi_B = k_0(\overline{QB} - \overline{OB}) \tag{3.16}$$

式中 $k_0 = 2\pi/\lambda_0$，λ_0 是记录时所使用的光波长。根据两光束的干涉原理，对于薄型振幅全息图，在线性记录的条件下，透射系数为

$$\tau_H \propto |A + B|^2 = A_0^2 + B_0^2 + 2A_0 B_0 \cos(\varphi_A - \varphi_B) \tag{3.17}$$

或简化为

$$\tau_H = \tau_0 + 2\tau_1 \cos(\varphi_A - \varphi_B) \tag{3.18}$$

亦即

$$\tau_H = \tau_0 + \tau_1 \{\exp[j(\varphi_A - \varphi_B)] + \exp[-j(\varphi_A - \varphi_B)]\} \tag{3.19}$$

式中 τ_0 为平均透射系数，τ_1 代表调制深度。

式(3.18)说明线性记录的光栅结构是正弦型的，式(3.19)则表明一个正弦型的薄全息透镜的作用相当于三个普通的光学元件。

2. 全同透镜阵列的设计制作

由于制作的工艺问题（特别是在微透镜阵列方面），一般要求制作的透镜阵列中，每个透镜都是全同的，这就要求透镜的焦点正对透镜的中心。

下面讨论如何构成一个全同的全息透镜阵列。实际的透镜阵列可以是一个 $m×n$ 的阵列，下面先以一个 $2×2$ 的二维全息透镜阵列的制作为例进行说明。

如图 3.10(a)所示为 4 个紧靠且边长为 a 的正方形全息透镜组成的 $2×2$ 透镜阵列，各正方形中心的黑点表示其正对透镜中心的焦点位置。全息透镜的一些记录方式可分别如图 3.10(b)、(c)所示，其中 P_1、P_2 分别为全息干板放置的位置。

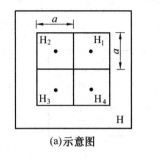 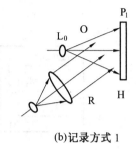 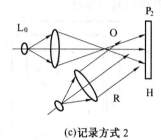

(a)示意图　　　　　(b)记录方式 1　　　　　(c)记录方式 2

图 3.10　全息的 $2×2$ 全息阵列

(1) 全息透镜可同时具有正、负焦距，因此记录时物光既可以使用会聚光束，也可以使用发散光束。以参考光 R 取平行光为例，若物光 O 为发散光，则用原参考光 R 照明重现时，衍射光为发散光，全息透镜相当于一个凹透镜；用 R* 照明重现光时，衍射光为会聚光，全息透镜相当于一个凸透镜。

(2) 由于图 3.10 中的扩束镜 L_0 的框架具有一定的宽度(如 5 cm)，若所需制作的全息透镜较小(若 1~3 cm 宽)，则难以按照图 3.10(b)布置光路，否则参考光将难以照明干板面；或者需要在较长的距离上记录，造成全息透镜的焦距相对过大，因此一般选用 3.10(c)中的位置 P_2 放置干板。

(3) 同轴和离轴的选择，同轴透镜由于存在像的重叠，实验中不便观察，因此本实验建议选用离轴记录方式，如图 3.10(b)、(c)所示。

另外，考虑到观察的习惯，一般设置物光正对干板面，参考光倾斜干板面。

(4) 透镜阵列记录。由于阵列中各透镜是全同的，故在记录时只需在一个透镜记录完成后，关闭快门，将全息干板移动一个透镜的宽度即可记录下一个透镜，因此并不需要改变整个光路系统。

在记录中需要注意两个问题：第一个问题是干板移动位置的控制，这可通过二维的电动位移装置完成，在实验中也可在干板架后方设置标尺和绿光等，在需要记录下一个全息透镜时，打开绿光，将干板移动到对位标尺相应位置；第二个问题是需要注意记录的顺序，考虑到干板在干板架上平移一般较容易，而上下移动需要调节螺旋升降杆，容易造成干板架的转动偏移，所以应尽可能增加平移操作，减少升降操作。以图 3.10(a)所示的透镜阵列为例，如果第一个记录的是 H_1，以 $a=2$ cm 为例，则记录顺序可为：

记录 H_1→右移 a，记录 H_2→上移 a，记录 H_3→左移 a，记录 H_4。

(5) 掩模的使用。由于透镜阵列需要多次分区记录，因此掩模的设置时非常重要的。掩模大小要与全息透镜的尺寸一致；中心与物光中心正对；考虑到参考光的倾角，掩模需要尽可能薄，且紧靠干板面。

设置掩模的一个方法是在干板前设置一个固定的掩模架，如图 3.11(a)所示。固定掩模一般需要在干板架的上方悬挂,并使掩模紧靠干板面。固定掩模不能随干板移动,考虑到干板的移动范围后,掩模面需要比干板大足够的宽度和高度为干板挡光。另外一个可在实验中采用的简易方法是,先在黑纸上刻开 4 个与全息透镜等大的纸方,纸方有一边不动,其他 3 边被刻开,分别如图 3.11(b)、(c)中的实线与虚线。这样,当需要记录哪个透镜时,即可打开该纸方(图 3.11(b)为上下打开,图 3.11(c)为左右打开),记录完毕即关闭。关闭时可用胶带将两相邻纸方相连。

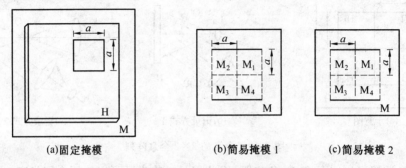

(a)固定掩模　　　　(b)简易掩模 1　　　　(c)简易掩模 2

图 3.11　用于记录透镜阵列的掩模设置

(6)短焦距、大孔径全息透镜的记录。对于阵列透镜,一般要求透镜为短焦距、大孔径,具有较大的数值孔径。这时采用"发散光/会聚光"的系统会比"发散光/平行光"或"会聚光/平行光"在同等孔径下具有更短的焦距。此时,记录光路如图 3.12 所示,物光和参考光可随意选择会聚或发散,只要构成"发散光/会聚光"系统即可。当然两束"发散/会聚"程度越大,获得的全息透镜焦距则越短,数值孔径越大。

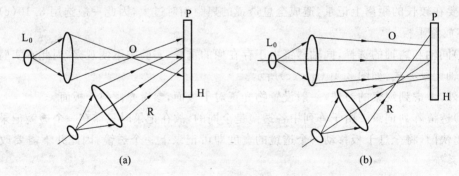

图 3.12　记录短焦距、大孔径的全息透镜光路示意图

三、实验仪器

He-Ne 激光器(40 mW 左右)1 台;可升降的干板支架 2 个;电子快门 1 个;输入字母阵列 1 个;分束镜 1 个;绿光灯 1 个;反射镜 2 个;白屏 1 个;扩束镜 1 个;米尺(公用)1 把;准直镜 3 个;全息干板若干小块。

四、实验步骤

制作一个 2×2 的全同离轴全息透镜阵列。

1. 布置实验光路。实验光路可按图 3.13 所示搭建,类似于图 3.10(b)、(c)或图 3.12。摆设光路时需要特别注意透镜 L_1、L_2 与光学系统的共轴,否则将使制得的透镜焦点位

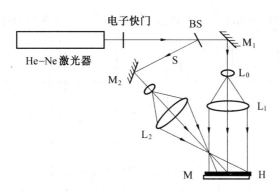

图 3.13 离轴短焦距全息透镜阵列记录光路

置偏离,还应使光束通过透镜 L_1 后成为准直光。

应从 L_2 开始,在激光束未扩束前依次安放并调整透镜两表面反射的系列光点是否位于同一条直线上,然后再将扩束镜 L_0 置于 L_1 的前焦点上。

2.制作掩模。掩模可按图 3.11(b)、(c)制作。考虑到手动对位容易出现一定的误差,应在全息干板大小允许的情况下尽量稍大一些。例如,取干板尺寸为 4.5 cm×6 cm(或 9 cm×6 cm),则制作的全息透镜口径可取 $a=2$ cm,从而减小对位误差的影响。

3.在干板架后设立二维的标尺,放置暗室下照明用的绿光灯。要注意第一次记录前将干板架的升降杆调节到靠近尽头,并反旋一下,避免出现记录时由于螺旋间隙引起的回差,使其不能达到所需升降距离;同时,由于干板需要有一定的左右移动,第一次记录时干板应避免放在干板架中心,应在中心旁边 a 的位置。由于一些标尺的刻度难以在暗室中阅读,可事先在干板架上贴上左右移位的明显标记。

4.记录透镜阵列。按照一定的顺序,依次对各透镜进行曝光、移位、掩模对位等操作,记录全息透镜阵列。在记录中需要特别注意移位的精确度并与掩模匹配,避免出现掩模的不当开启与关闭。曝光时间由激光器功率和光路中透镜口径决定,一般为 5~10 s。显影、定影、漂白操作与普通全息照相处理的过程相同。

五、问题与讨论

全息透镜阵列对输入光束将产生什么样的变换?

实验二十一 散斑法图像相加、相减

一、实验目的

1.掌握散斑法图像相加、相减的原理和方法。
2.用散斑法实时地做出 A、B 两个图像相加、相减的结果。

二、实验原理

散斑法图像相加、相减与激光散斑测量横向微小位移的原理类似,只不过两次曝光是对两个有部分相同的图像进行,而且在观察时,频谱上加了狭缝,只让杨氏条纹的中央暗纹(或明纹)和两个图像的差异(或相同)部分通过,从而实现两个图像的相加或相减。

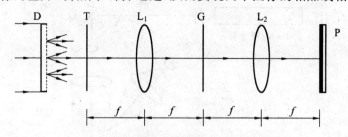

图 3.14 散斑法图像相加、相减原理

如图 3.14 所示,平行光经过毛玻璃后成为散射光照明输入面 T,图像 A 置于输入面上,P 面上放全息干板,输出面 P 上的像具有散斑结构(像面散斑)。用 $g(x,y)$ 表示散斑的分布函数,散斑像用 $Ag(x,y)$ 表示,经过第一次曝光将其记录下来。将毛玻璃在自身平面内沿 x_0 方向移动一个微小位移 Δx_0(Δx_0 应很小,约 0.02~0.03 mm,但不得小于像面散斑的平均直径的 1/1.22)。用图像 B 置换图像 A,注意使 A、B 中相同部分严格对准重合,再进行第二次曝光(时间与第一次相同)。干板上重叠记录下图像 B 的散斑像,表示为 $Bg(x-\Delta x, y)$,(由于 $\Delta x=\Delta x_0$,其值很小,故可认为散斑结构不变,仍用 g 表示)。两次曝光后,干板接受的总光强为

$$I(x,y) = Ag(x,y) + Bg(x-\Delta x, y) = \\ Ag(x,y)*[\delta(x,y)+\delta(x-\Delta x,y)] + \\ Cg(x,y)*\delta(x-\Delta x,y) \tag{3.20}$$

式中 $C=B-A$,表示两个图像差异部分的像。经过处理好的底片实际上是两个具有散斑结果的,重叠在一起的像,负片的振幅透射率为

$$t(x,y) = a - bAg(x,y)*[\delta(x,y)+\delta(x-\Delta x,y)] - \\ bCg(x,y)*\delta(x-\Delta x,y) \tag{3.21}$$

把它放在 T 处,取出毛玻璃 D,用平行光照全息图 H,则在频谱面 G 上频谱的光强分布为

$$T(\xi,\eta) = a\delta(\xi,\eta) - b\widetilde{A}*g(\xi,\eta)[1-\exp(-j2\pi\xi\Delta x/\lambda_f)] - \\ b\widetilde{C}*g(\xi,\eta)\exp(-j2\pi\xi\Delta x/\lambda_f) \tag{3.22}$$

式中右边第一项对应于焦面中心的亮点;第二项对应于杨氏条纹;第三项包含 $\widetilde{C}=\widetilde{A}-\widetilde{B}$ 的信息,它分布在平面 (ξ,η) 的各处。式中 $\widetilde{C}$、$\widetilde{A}$ 和 $\widetilde{B}$ 分别表示 C、A 和 B 的傅里叶变换。如果在频谱面上放置一个狭缝,只让杨氏条纹的第一暗纹通过,则第一项和第二项都被滤掉了,只有第三项通过。在输出面上得到 $A-B$ 的像实现图像 A 和 B 的相减;若将狭缝置于杨氏条纹的第一亮纹处,则第二项和第三项都能通过,实现图像 A 和 B 相加。

三、实验光路

实验光路如图 3.15 所示。

四、实验仪器

He-Ne Laser:氦氖激光器;C:扩束镜(40×);L:准直透镜;D:毛玻璃屏;T:输入面(相

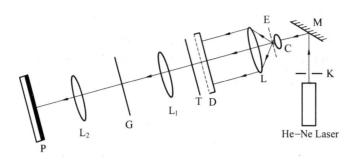

图 3.15　散斑法图像相加、相减光路

加、相减的两图像置于此);G:频谱面(滤波狭缝置于此);P:输出面;L_1、L_2:傅里叶透镜;另:孔屏、白屏、干板架 4 个(其中一个带水平 x 方向的微调机构)、狭缝(可调节缝宽)、曝光定时器、光开关、暗室设备一套(显影液、定影液、水盘、量杯、电吹风、流水冲洗设备)等。

五、实验步骤

1. 实验准备。制作图像 A 和 B。在黑色硬纸壳上挖透明孔的方法制作。本实验提供两种图形供选择使用。

(1)如图 3.16(a)中图形 A 为一大半径圆孔,图形 B 为一小半径圆孔。

(2)如图 3.17(b)中图形 A 为一十字圆孔,图形 B 为两个小方孔。

图 3.16　A、B 图形的制作(1)　　　　图 3.17　A、B 图形的制作(2)

2. 点燃激光器,调整由激光器出射的光束与工作台平行,用自准直法调整各光学元件表面与激光束的主光线垂直。

3. 按照图 3.15 所示依次加入光学元件排光路,注意:

(1)4-f 系统光路的调节方法参考空间滤波实验。

(2)将一组图像 A、B 重合,仔细调整使两图像的相同部分完全重合(若用第一组图形(图 3.16)只需使 A、B 两圆孔中心重合即可,若用第二组图形(图 3.17)则需使 A 的两个小方孔与 B 的十字图形上下部重合)。

4. 关闭光开关,在 P 处放上全息干板,选合适的曝光时间,用曝光定时器控制光开关进行第一次曝光。

5. 将图形 A 折向水平位置,留下图形 B,微调干板架上 x 方向微调旋钮,横向移动毛玻璃一个微小距离,用同样的时间对同一干板 H 进行第二次曝光。

6. 将曝光后的全息干板在暗室进行常规的显影、定影、水洗、干燥等暗室处理,得到一全息图 H。

7. 将全息图 H 置于入射面 T 上,取下毛玻璃放在 G 上,可在毛玻璃上观察到亮衬底的杨氏条纹。若挡去十字图形的横孔,则衬底消失,杨氏条纹的对比度增大,这是散斑测位移全场分析实验中的情况,若挡去十字图形的竖孔,则杨氏条纹消失,只出现一个中心亮斑,周围是明暗随机起伏的光强分布,它实际上是单次曝光散斑图的频谱。

8. 将毛玻璃移到 P 处,在 G 面上放一个可调亮度的狭缝,将狭缝对准杨氏条纹的中央第一级亮纹中心,调节狭缝宽度只让第一级亮纹通过,则在 P 面上将观察到两个图形相加的结果。若用第一套图形得到一个和 A 同样大的圆孔但中心有一和 B 同样大的小圆特别亮,若用第二套图形则得到十字圆形,上下特别亮,如图 3.18 所示。将狭缝对准杨氏条纹中央第一级暗纹中心,调节狭缝宽度只让第一组暗纹通过,则在 P 面上将观察到的 A 和 B 相减的结果。若用第一套图形得到一个圆环;若用第二套图形得到一个横孔,如图 3.19 所示。如果将狭缝在中央第一级亮纹和一级暗纹间缓慢连续移动,可观察到两图像相加、相减的整个过程。

图 3.18　A、B 图形相加的结果　　　　　图 3.19　A、B 图形相减的结果

实验二十二　散斑法图像微分

一、实验目的

1. 掌握散斑图像微分的基本原理。
2. 通过实验,加深对激光散斑基本性质及散斑干涉计量基本原理的认识,了解其在光学图像处理中的应用。
3. 用散斑法对图像进行微分处理,作出实验结果,加深对微分处理增强图像边缘的认识。

二、实验原理

散斑法图像微分的原理与散斑法图像相减的原理相似,其本质都是散斑干涉相减。如图 3.20 所示,D 为一毛玻璃,经激光照明后在其后的空间形成散斑场;T 为待处理的二元图像;L 为透镜,全息干板置于 T 共轭的像面上。先不放狭缝,进行第一次曝光,然后将 D 在其自身平面内作一微小平移 ξ_0(ξ_0 应大于像面散斑的平均直径 d),同时使图像 T 也在自身平面内平移 Δx_0,一般说来,$\Delta x_0 \gg \xi_0$,其取值要视微分图像所需的边框宽度而定。平移完后进行第二次曝光,曝光时间与第一次相同。两次曝光后对干板进行常规的暗室处理。取下毛玻璃 D 和图像和 T,将处理好的全息干板放在原来放图像 T 的位置上,并在原来全息干板的位置上放白屏(或毛玻璃屏),这是在频谱面(即透镜 L 的后焦面)上可用毛玻璃屏(或白纸)接收到杨氏条纹。放置一狭缝滤波器于频谱面上(移开该面上毛玻璃屏或白纸),并调整狭缝使之位于第一暗纹位置上,则在输出面 P 上可得到图像边框即微分图像。此时,边框与中央对比度最大。若将狭缝向同侧的第一级亮纹逐渐平移,边框与中央对比度发生连续变化。当狭缝与第一亮纹重合时,中央部分亮度也达到最大。下面进行具体的数学描述。

设待处理图像 A 是一个菱形,它在输出面上的像为 A_1。当 A 平移 Δx_0 后,在输出面上的像平移了 Δx。可在光路设计时使系统满足 1∶1 成像,故 $\Delta x = \Delta x_0$,如图 3.21 所示。若

能实现两图像的相减 $A_2-A_1=B$，便可得到微分图像 B。

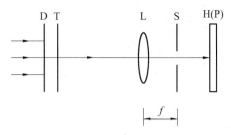
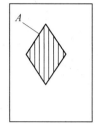
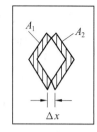

图 3.20　散斑法图像微分原理　　　　　图 3.21　图像微分原理

第一次对图像 A 的像 $A_1(x,y)$ 曝光时记录的是 $A_1(x,y)*g(x,y)$，其中 $g(x,y)$ 为像面散斑分布。第二次曝光时机理的 $A_2(x,y)*g(x-\xi_0,y)$，则总曝光光强为

$$I=A_1g(x,y)+A_2g(x-\xi_0,y)=$$
$$A_1g(x,y)*[\delta(x,y)+\delta(x-\xi_0,y)]+Bg(x,y)*\delta(x-\xi_0,y) \quad (3.23)$$

为讨论方便，认为底片经线性处理，其振幅透射率为

$$t(x,y)=a-bA_1g(x,y)*[\delta(x,y)+\delta(x-\xi_0,y)]-bBg(x,y)*\delta(x-\xi_0,y) \quad (3.24)$$

用平行激光束照明，经透镜进行傅里叶变换后在频谱面上的光强分布为

$$T(\xi,\eta)=a\delta(x,y)-b\widetilde{A_1}*G(\xi,\eta)[1-\exp(-j2\pi\xi\xi_0/\lambda f)]-$$
$$bB*G(\xi,\eta)\exp(-j2\pi\xi\xi_0/\lambda f) \quad (3.25)$$

式（3.25）右边第一项对应于焦面中心的亮点；第二项对应于杨氏条纹；第三项表示受散斑场 $G(x,y)$ 调制的 $\widetilde{B}=\widetilde{A_2}-\widetilde{A_1}$。

如果频谱面上狭缝只让杨氏条纹的第一暗纹通过，则第一和第二项全被挡掉，而第三项经傅里叶变换后在像面上便出现微分图像 $B=A_2-A_1$，这实际上是两图像相减的结果。上述推导与散斑法图像相减完全相似，唯一不同之处只在于这里是用同一个图像位移来获得第二个图像的。

如果狭缝位于第一级亮纹处，则第二项也能通过狭缝，A_1 与 A_2 的重叠部分变亮，反映两个位错图像相加的情况。而当狭缝在两个位置之间变化时，第二项所通过的光强也发生连续变化，在像面（输出面）上可出现不同程度的边框与中心部分光强的对比。

三、实验光路

实验光路如图 3.22 所示。

四、实验仪器

He-Ne Laser：氦氖激光器；M：全反射镜；C：扩束镜（40×）；D：毛玻璃屏；L_1：准直透镜；T：待处理的图像 A（输入面）；L：傅里叶变换透镜；G：频谱面上放置的狭缝；P：输出面（像面）；另：孔屏、白屏、尺、光开关、曝光定时器、干板架 3 个（两个带 x,y 方向微调机构）、暗室设备一套（显影液、定影液、水盘、量杯、流水冲洗设施）等。

五、实验要点

1. 实验准备，制作待处理的图像。为得到明显的微分效果，用二元图像作目标，可以在

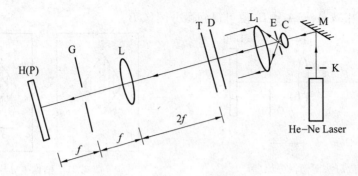

图 3.22 散斑法图像微分光路

黑色硬纸板上挖各种形状的几何图形的孔来实现,如可挖成矩形、菱形、圆形等。

2. 按图 3.22 所示依次加入光学元件排光路。

3. 先不放入狭缝 G,关闭光开关后在输出面 P 上放上全息干板 H,用曝光定时器控制光开关进行第一次曝光,为了便于狭缝滤波,以得到较好的相减效果,必须在杨氏条纹间隔保持一定的条件下扩大暗纹宽度和减小亮纹宽度,为此采用三次曝光的方法。第一次曝光后,毛玻璃 D 在自身平面内位移 $\xi_0 = 0.02$ mm,图像 T 在自身平面内位移 $\Delta x_0 = 0.5$ mm,再进行第二次曝光,然后毛玻璃 D 在自身平面内位移 $\xi_0 = 0.02$ mm,进行第三次曝光。第一次和第三次曝光时间相同,第二次加倍。

4. 对曝光后的全息干板进行常规的显影、定影、水洗、晾干等处理。

5. 取下输入面上的毛玻璃 D 和图像 T,将处理好的全息干板 H 放在原来图像 T 的位置上,频谱面上方狭缝,缝宽约 4 mm。在输出面上放置白屏或毛玻璃屏 P 观察微分效果。当狭缝位于第一级暗纹处时,可观察到一维微分图像。改变狭缝位置,观察输出图像的变化情况。

6. 调整狭缝到第一级暗纹处,仔细调节得到图像最佳的微分效果。关闭光开关,用全息干板置于输出面上换下原来的白屏。用曝光定时器控制光开关曝光并进行常规的暗室处理,记录下图像微分效果。

7. 观察图像的二维微分,以上的实验,由于 Δx 发生在图像自身平面内,所以实际上是一维微分,即提取出的知识一维边框。欲得二维微分图像,可令位移发生在与图像垂直方向上,即沿透镜的光轴方向发生位移,以产生微量离焦 Δz,这时可在像面上得到一个离焦像。将离焦像与准焦像相减,即可得到二维微分图像。用微量离焦 $\Delta z = 2.5$ mm 代替面内位移 Δx_0,重复步骤 3~7。比较一维微分和二维微分所得到不同的微分效果。

六、问题与讨论

1. 从本质上讲,散斑法图像微分与散斑法图像相减有何异同?
2. 与用复合光栅滤波实现图像微分的方法相比,散斑法图像微分有何优缺点?
3. 为什么采取三次曝光的办法可以扩大杨氏条纹暗纹的宽度?能否采取三次以上的曝光?

实验二十三　用激光散斑照相法测量物体的形变

一、实验目的

1. 掌握激光散斑照相测量物体形变的原理。
2. 用像面全息和激光散斑照相实际测量物体的形变。

二、实验原理

物体受力后要产生形变。对于物体中的每一个点来说，即发生微小的位移。测量物体的形变就是测量物体中的点的微小位移。本实验采用像面全息和激光散斑照相的方法来进行测量。被测物体选一个有机玻璃的悬梁，其外表面用砂纸打磨粗糙，或涂上散射层。一束准直后的平行光以很小的入射角 A 照射到悬梁上。用成像透镜把它成像在全息干板 H 的位置上，引入另一束平行光作为参考光也投射到 H 的位置上，与物光相干涉，可记录下物的像面全息图。在同一张干板上拍摄物体受力前后的两张像面全息图，进行常规的显影、定影等暗室处理。由于物体表面有散射层，所以像面全息图中也有散斑结构。再现时，作为像面全息图，将再现出悬臂梁的像及其表面的干涉条纹。用原来参考光的共轭光照明处理好的全息图（把干板旋转 $180°$，药面背着原来参考光照明的方向），即可在成像方向观察到与原物具有相同方向的像及干涉条纹。这时观察方向与照明方向角平分线恰好与像表面的法线方向重合，故此条纹即为离面位移分量的等值线。设成像系统的纵向放大率为 α，则试样的纵向位移 z_0 将引起其像产生 $z=\alpha z_0$ 的纵向位移，而条纹的离面位移为 $z=\alpha z_0 = n\lambda/z\cos A$，因此物体的离面位移为

$$z_0 = n\lambda/z\alpha\cos A \tag{3.26}$$

式中的 n 为条纹的级序，如果先确定出离面位移为零的点，则可根据像面全息干涉图各点的条纹级序，用式(3.26)计算出物面各点的离面位移。

从激光散斑的角度来看，记录该像面全息的光路也就是记录像面散斑的光路，只是增加了一个参考光。该全息图既是二次曝光像面全息图，也是二次曝光散斑图。设成像系统的横向放大率为 β，则试样上某一点的面内位移 $\vec{d}$ 将使像面内相应点的散斑发生位移 $\vec{d} = -\beta\vec{d_0}$。用逐点分析法或全场分析可求得散斑位移 $\vec{d}$，用 $\vec{d} = -\vec{d}/\beta$ 算出试样的面内位移 $\vec{d}$。

所谓逐点分析法是用细激光束直接照射处理好的二次曝光散斑图 H，在 H 后面的毛玻璃屏 P 上可得到杨氏条纹（图 3.23），根据条纹间距 T 用

$$|\vec{d}| = \lambda l/T \tag{3.27}$$

算出被细激光束照射的散斑的位移量。式(3.27)中 λ 为激光波长，l 为毛玻璃屏与散斑图面的距离，再根据求出的散斑位移量，即

$$\vec{d} = -\frac{\vec{d}}{\beta} \tag{3.28}$$

求出试样上相应点的横向位移 $|\vec{d}|$。

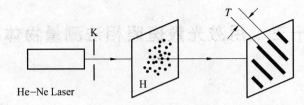

图 3.23　散斑图的逐点分析

所谓全场分析法就是将处理好的二次曝光散斑图放在傅里叶变换 $4-f$ 系统中的输入平面上(如图 3.24 所示),在频谱面上放一小孔的位置,在输出面位置上放的毛玻璃屏上可逐点观察到杨氏条纹,逐点测量出条纹间距,用公式(3.27)、(3.28)逐点算出横向位移量 $|\vec{d}|$。当然有一个前提,即小孔滤波器的小孔位置任意可调,既能沿径向移动到任一位置,又能在滤波平面内绕光轴旋转任意角度。

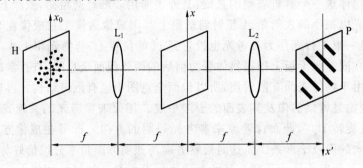

图 3.24　散斑图的全场分析

三、实验光路

实验光路如图 3.25 所示。

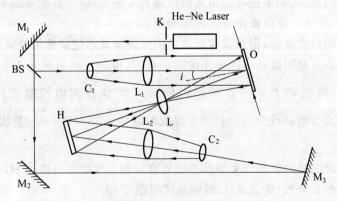

图 3.25　激光散斑照相法测量物体形变的记录光路

四、实验仪器

He－Ne Laser:氦氖激光器;BS:分束镜;C1、C2:扩束镜;L_1、L_2:准直透镜;L:成像透镜;M_1、M_2、M_3:全反射镜;O:物(有机玻璃悬臂梁);H:全息干板;另:读数显微镜、孔屏、干板架、光开关、曝光定时器、砝码、暗室设备一套等。

五、实验步骤

1. 点燃激光器,利用孔屏调整由激光器出射的激光束与工作台平行,用自准直法调节各光学元件的表面与激光束的主光线垂直。

2. 排迈克尔逊干涉实验光路,检查工作台的稳定性,如稳定性不符合要求,应找出原因,调整合格。

3. 按照图 3.25 光路图依次加入光学元件排好光路。注意以下几点:

(1) 尽量使入射到物 O 上的光入射角小一些(可小于 5°),以免成像的方向太偏离光轴而影响成像质量。

(2) 物 O 与全息干板 H 分别位于透镜 L 两边两倍焦距处,以使横向放大率 β 和纵向放大率 α 均为 1。

(3) 参考光与物光之比调整到 2∶1 左右。

4. 光路调整好后用曝光定时器控制光开关曝光一次。

5. 在悬臂梁的一端加上一个砝码,稳定后对同一全息干板再曝光一次(两次曝光量相等)。

6. 取下全息干板,按常规进行显影、定影、漂白等暗室处理,得到一散斑图。

7. 再现及结果分析:

(1) 用激光细束直接照射散斑图,如图 3.23 所示,在其后距离为 l 的毛玻璃屏上得到杨氏条纹,测得条纹的平均间距 T,以及散斑图到毛玻璃屏的距离 l,可根据 $|\vec{d}| = (\lambda l)/T$ 算出全息图上被照射点散斑的位移量,因为实际中已满足 β、α 均为 1 的条件,所以此时求出的 $|\vec{d}|$ 之值也就是试样上相当点的横向位移。

(2) 如图 3.25 所示的光路,把处理好的散斑放在 4-f 系统的输入面上,通过改变频谱面小孔的位置,在位于输出面的毛玻璃屏上观察杨氏条纹的变化情况,进而分析面内位移的情况。

六、问题与讨论

1. 本实验中的记录光路也是二次曝光散斑图的记录光路,只不过由于引入了参考光而降低了散斑的对比度。可采取两点措施来尽量减小这一影响:一是用较小的参考光、物光比(如 2∶1);二是对显影、定影后的干板进行漂白处理。

2. 物体的形变本应由面内位移和离面位移两部分组成,但一般情况下离面位移不敏感,本实验实际上求的是面内位移。

实验二十四　光栅滤波实现图像的相加、相减

一、实验目的

1. 掌握光栅滤波图像相加、相减的原理和方法。

2. 用光栅作滤波器,作出两个图像相加、相减的结果。

3. 通过实验,加深对傅里叶光学中相移定理和卷积定理的认识。

二、实验原理

在相干光处理系统中,可以利用正弦光栅或 Ronchi 光栅作为空间滤波器,对图像进行实时的相加、相减运算。两个相加、相减的图像设计成透明长条孔 A 和 B,两者中心距离为 $2b$。作为滤波器的正弦光栅空间频率为 $v=b/f\lambda$,其中 λ 为激光波长,f 为 $4-f$ 系统中傅氏透镜的焦距。用马赫-曾德干涉光路制得这一正弦光栅备用,如图 3.26 所示。

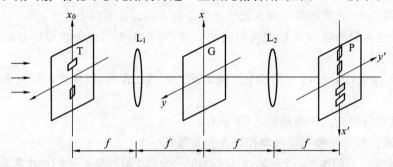

图 3.26 光栅滤波图像相加、相减原理

$4-f$ 系统中,输入面、频谱面和输出面的空间坐标分别为 (x_0,y_0)、(x,y) 和 (x',y'),光栅线沿 y 方向,只需要研究 x 方向的情况。图像 A 和图像 B 的振幅透射率分别为 f_A 和 f_B,把 A、B 置于输入面 T 上,使之对称地居于光栅两侧,图像的中心与光轴的距离为 b,则输入面上的复振幅透射率为

$$f(x_0)=f_A(x_0-b)+f_B(x_0+b) \tag{3.29}$$

用平行光照明图像,透镜 L_1 对图像进行一次正傅里叶变换在频谱面 G 上得到 f_A 和 f_B 的空间频谱,根据相移定理,f_A 和 f_B 在空间位置上的不同,将反映出它们频谱位相的差异,故频谱面前面的复振幅分布为

$$F(\xi)=F_A(\xi)\exp(-j2\pi\xi b)+F_B(\xi)\exp(j2\pi\xi b) \tag{3.30}$$

式中 $\xi=x/\lambda f$,$F_A(\xi)=F[f_A(x_0)]$,$F_B(\xi)=F[f_B(x_0)]$,频谱面上正弦光栅的复振幅透射率可表示为余弦函数的形式,即

$$D(\xi)=2+2\cos(2\pi\xi b)=2+\exp(-j2\pi\xi b)+\exp(j2\pi\xi b) \tag{3.31}$$

通过光栅后的光场

$$G(\xi)=F(\xi)D(\xi)=F_A(\xi)\exp(-j4\pi\xi b)+2F_A(\xi)\exp(-j2\pi\xi b)+$$
$$F_A(\xi)+F_B(\xi)+2F_B(\xi)\exp(j2\pi\xi b)+F_B(\xi)\exp(j4\pi\xi b) \tag{3.32}$$

在输出面 P 上的光场分布是透镜 L_2 对 $G(\xi)$ 的逆傅里叶变换,即

$$g(x')=f_A(x'-2b')+2f_A(x'-b')+f_A(x')+f_B(x')+$$
$$2f_B(x'+b')+f_B(x'+2b') \tag{3.33}$$

式中 $x'=Mx_0$,$b'=Mb$,M 是成像系统的放大倍数。可见在输出面中心得到图像 A 和 B 的实时相加,即

$$g_P(x')=f_A(x')+f_B(x') \tag{3.34}$$

如果使光栅沿 x 方向位移一个距离 Δ,使其透射率成为正弦形式,即

$$D_n(\xi)=2+2\sin(2\pi\xi b)=2-\exp(-j2\pi\xi b)+\exp(j2\pi\xi b) \tag{3.35}$$

和前面的分析类似,在输出面中心将得到

$$g_n(x') = f_A(x') - f_B(x') \tag{3.36}$$

即得到 A、B 两个图像相减的结果。

三、实验光路

实验光路如图 3.27 所示。

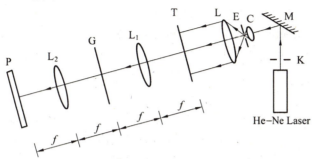

图 3.27　光栅滤波图像相加、相减光路

四、实验仪器

He-Ne Laser：氦氖激光器；M：全反射镜；BS：分束镜；C：扩束镜（40×）；L：准直透镜；T：输入平面（待处理图像 A 和 B 位于其上）；L_1、L_2：傅里叶透镜；G：频谱面（滤波用的光栅置于其上）；P：输出平面；另：孔屏、白屏、毛玻璃屏、干板架 3 个（其中 1 个带有竖直方向的微调机构）、读数显微器。

五、实验要点

1. 准备工作

（1）制作两个透光长条孔（用黑色硬纸板）A 和 B，两者中心距离为 $2b$，为使 0 级像和 1 级像能分得开，b 必须大于图形的长边，如图 3.28 所示。

图 3.28　相加、相减的两个图像 A 和 B

（2）排马赫-曾德干涉光路。拍摄空间频率 $\nu = b/f\lambda$ 的正弦光栅。

2. 按图 3.27 所示依次加入光学元件排光路。让 C 和 L 共焦调得平行光，在物面前放一毛玻璃屏让物（A 和 B）被散射光照明，调整 $4-f$ 系统使 A 与 B 在输出面 P 处清楚的成像。各元件位置确定后，取走物前面的毛玻璃屏（$4-f$ 系统的调节方法参考空间滤波实验)。

3. 在频谱面放上准备好的正弦光栅进行滤波。然后在输出面 P 处的屏上观察光栅对图形 A 的 +1 级衍射像 A+ 和对图形 B 的 -1 级衍射像 B-,仔细调节光路并微调输入面上 A 和 B 的相对位置,使 A+ 与 B- 的中心重合(当然输出面上可观察到 A、B 的各级像)。

4. 在频谱面上微调支持光栅的干板架的竖直方向微调旋钮。将光栅在竖直方向非常缓慢地做微小位移调节,使得在 P 上可观察到在 A+ 和 B- 的重合处周期地交替出现 A 和 B 相加、相减的结果。相加时,重合处变的特别亮;相减时,重合处变的全黑。如果需要也可用全息干板记录下相加和相减的结果。

六、讨论

1. 在输入平面上,平行光对 A、B 的照明尽可能均匀,这样在像平面(输出面)上相减结果中 A 的 +1 级与 B 的 -1 级像的共同部分可以充分减去,为全暗。如果对 A、B 照明不均匀,则输出图形中只能得到部分相减,中央得不到全暗。

2. 光栅的移动量是微小的,必须在竖直方向有微调的干板架上进行。调整时眼睛观察输出面,图形中央出现全黑时即认为 A+ 与 B- 重合,完全相减了。

实验二十五 二步彩虹全息图

一、实验目的

1. 掌握制作二步彩虹全息图的原理及方法。
2. 了解彩虹全息图的基本性质,"色模糊"、"线模糊"、"像模糊"及其影响因素。
3. 制作一张二步彩虹全息图。

二、实验原理

二步彩虹首先是用物光 O 和参考光 R_1 按照图 2.18(实验九中的图)的光路制作一张物体 O 的三维全息图 H_1,称为母全息图或掩模。再用 R_1 的共轭光 R_1^* 照明 H_1 得到物 O 的共轭赝实像 R^*,以 O^* 为物光,引入参考光 R_2 及狭缝制作彩虹全息图 H_2。记录 H_2 时,由于狭缝限制衍射光束,所以是以窄光束构成赝实像;为再现方便可用会聚光束作参考光,H_2 实际是记录了许多窄条状的全息图,宽度为 ΔH,也可称之为线全息图。当再现时每一个线全息图的衍射光形成一个像点。同时,再现一个狭缝的像。用点光源以逆参考光的方向照明,将人眼置于狭缝像的位置即可看到完整的再现象,当用白光点光源照明时,物体和狭缝的再现像将因波长不同而变化,在不同波长狭缝像的位置即可看到不同颜色的像。即白光源不同波长产生的全息狭缝像将在狭缝像空间色散为彩虹色。无图的全息像在全息图后也有相应的彩虹效应。如果通过弥散狭缝像在垂直于狭缝方向移动来观察全息像,则每次看到彩虹的一种颜色,通过红色的弥散狭缝像将观察到红色全息像。通过绿色的弥散狭缝像将观察到看绿色全息像。连续调节观察方向,就会看到物体连续变化的各种颜色。像雨后天空中的彩虹一样,故称彩虹全息。另外,狭缝像的位置是作为光源再现波长的函数而变化的,用较长波长再现时,狭缝像更宽一些而靠全息图也更近一些。全息图看起来大些并靠近全息片,如观察到的红像比绿像大些并离像全息图近些。

下面从四方面讨论彩虹全息的像质。

(1)像的单色性。彩虹全息用白光照明再现的单色像与激光照明再现的单色像有所不同,它包含一个小的波长范围 $\Delta\lambda$,设在某一固定位置所观察到的单色像波长范围是从 λ 到 $\lambda+\Delta\lambda$,则 $\Delta\lambda/\lambda$ 称为像的单色性。设狭缝宽度为 a,狭缝与全息图 H_2 的距离为 Z_s,人眼瞳孔直径为 D,β_R 为参考光与物光的夹角,则

$$\frac{\Delta\lambda}{\lambda}=\frac{D+a}{Z_s\cos\beta_R} \quad (3.37)$$

由式(3.37)可以看出:参考光与物光的夹角 β_R 越大,观察距离 Z_s 越远和狭缝越窄时,像的单色性越好。

(2)像的分辨率。彩虹全息图要引入一狭缝,狭缝的存在会引起边缘分辨率的损失。设记录的相干光源波长为 λ_1,狭缝与全息片之间的距离为 s,全息片与点像之间的距离为 d,狭缝像的宽度为 W,则分辨率(最小分辨距离)为

$$\Delta h_r=\frac{\lambda_1(d+s)}{W} \quad (3.38)$$

由式(3.38)中可以看出,分辨率与再现波长无关,它正比于物像的位置以及狭缝像与全息片间的距离,反比与狭缝的宽度。当分辨率小于一定值产生的像模糊。像模糊随分辨率减小而增大,即随狭缝宽度的减小而增大。

(3)像的色模糊。当彩虹全息图用共轭白光照明时,再现的狭缝存在有限的波长展开 $\Delta\lambda$,这就引起全息像的色模糊,色模糊定义为全息点像的弥散距离,经计算,色模糊

$$\Delta I_\lambda=|Z_0|\frac{D+a}{Z_s} \quad (3.39)$$

式(3.39)中的 Z_0 为赝实像 O^* 与 H_2 之间的距离。可见,狭缝越窄,赝实像与全息图 H_2 距离越近,狭缝与全息图距离越远,则像的色模糊量越小。

(4)像的线模糊。若用理想的单色点光源照明彩虹全息图一个物点的再现像为一点。如果光源的线度增加,当照明光源的线度为 ΔC 时,则再现全息像点的线度为 ΔI,若 ΔI 小于人眼的分辨率极限,则不影响观察。定义 ΔI 为线模糊。可用下式来决定,即

$$\Delta I=\frac{\Delta C}{|L_C|}|Z_0|$$
$$\Delta I=\Omega_C|Z_0| \quad (3.40)$$

式(3.40)中的 ΔC 表示再现白光源的线度,L_C 表示照明光线到全息图的距离。可见,照明光线越小,赝实像和全息干板 H_2 距离越小,照明光源到全息图的距离越大,则线模糊越小。若 Z_0 到 0,则 ΔC 可允许很大,也就是说彩虹全息成为像全息时,光源大小可忽略。

从上面讨论可以看出,第一,狭缝是虹全息图的一个关键元件,再现出的狭缝像在观察者眼前起到准单色滤光镜的作用,若狭缝水平放置就保留了物体水平方向的视差,若竖直放置就保留了物体记录后竖直方向的视差,而垂直于狭缝方向的物信息绝大部分被限制着,丢掉了垂直于狭缝方向的视差。关于狭缝的宽度,只能取折中方案。狭缝的宽度越小,再现像的色模糊越小,但分辨率也下降,当缝宽小到一定的值时,狭缝的衍射效应使得分辨率大幅下降,使像模糊大幅增加,同时物光也被衰减得太弱;第二,使彩虹全息再现像发生线模糊,色模糊和像模糊的共同原因就是实像到全息干板的距离 Z_0 变大。因此,对 Z_0 的大小应该控

制在一定范围内。一般在 10 cm 以内,若再现光源为普通白炽灯泡,Z_0 最好不超过 5 cm,使线模糊 Δl 小于人眼分辨率。

三、实验光路

本实验只给出制作 H_2 的光路图,如图 3.29 所示。

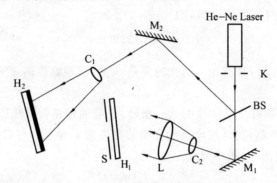

图 3.29 二步彩虹记录光路(第二步)

四、实验仪器

He-Ne Laser:氦氖激光器;K:光开关;BS:连续分束镜;M_1、M_2:全反射镜;C_1、C_2:扩束镜(40×);L:透镜;H_1:母全息图;H_2:全息干板;S:狭缝;另:孔屏、白屏、干板架(2 个)、载物台、被拍摄物、尺、毛玻璃、曝光定时器、光强测量仪、暗室设备一套(显影液、定影液、安全灯、水盘、量杯、流水冲洗设施)等。

五、实验步骤

1. 点燃激光器,调整由激光器出射的光束与工作台面平行,用自准直光调整各光学元件的表面与激光束的主光线垂直。

2. 排迈克尔逊干涉实验室光路,检查工作台的稳定性,若不符合要求,找出原因调整合格。

3. 按图 2.18 所示光路拍摄被拍摄物 O 三位的全息图 H_1,为了便于再现实像和制作彩虹全息图,制作 H_1 时,物光、参考光的夹角应尽可能大一些(如大于 60°),物 O 和全息干板 H_1 的距离也大一些为佳。

4. 按图 3.29 所示依次放入光学元件排光路,注意以下几点:

(1)首先调节 C_2 和 L 的距离及 L 和 H_1 的夹角,使得放置在 H_2 处的毛玻璃上得到清晰的像为止。

(2)狭缝仅靠在母全息图后,缝宽要合适,激光器功率 2.5 mW 以上,缝宽一般可选 0.5~1 mm,若激光器功率只有几毫瓦,则缝宽可加大至 2~3 mm,狭缝方向可水平放置也可竖直放置。

(3)物光、参考光之比约为 1∶3,物光、参考光的夹角不能太大,一般小于 40°,以免影响衍射效率。参考光、物光取等光程。

(4)参考光应将全息干板均匀照明并与物光重合好。

5. 关闭光开关,取下毛玻璃,安装上全息干板,稳定 1 min 后选用适当的曝光时间曝光(一般几十秒)。

6. 将曝光后的全息干板在暗室进行常规的显影、定影、水洗、干燥等处理,得到一张彩虹全息图。

7. 再现。母全息图用 R_1 参考光照明再现的像是原物体赝视像(实),即原物突出的部分,在赝视像中是缩进去的。而制作的虹全息图再现时,也要用共轭参考光再现,即所再现像也是它记录原像的赝视像。这样总的效果是虹全息图的再现像是与原制作母全息图时的物像一致的,没有赝视效应,合乎正常的视察习惯。观察虹全息图的再现像时需注意,白光方向必须是 R_2 的方向,人眼应置于狭缝像的位置上。

六、问题与讨论

1. 二步彩虹全息图为什么可以用白光再现?
2. 何谓"色模糊"、"像模糊"、"线模糊"?它们由什么因素决定?
3. 为什么说狭缝是制作二步彩虹全息图的关键元件?狭缝的宽度和位置对再现像的像质有什么影响?

实验二十六　干涉法进行图像识别

一、实验目的

1. 掌握用干涉法进行图像识别的原理。
2. 了解用干涉法判别两张图片(透明胶片)的过程。
3. 掌握干涉法进行图像识别与匹配滤波法图像识别相比的特点。

二、实验原理

用干涉法进行图像识别只需把待比较的图片做成透明片,并放在透镜前焦面,用准单色光照射,在其后焦面上观察干涉条纹即可。若两张透明片相同,则干涉场为周期与两透明片中心相对位移成反比的匀排直线条纹;若不同,则无直条纹出现。显然,这种方法比匹配滤波的识别法要简单得多。具体数字描述如下:

对于一张透明片,其振幅透射率可表示为直透与散射两个部分之和,即

$$t(x,y) = a + s(x,y) \tag{3.41}$$

式(3.41)中 a 表示未受散射的光,为一常数;$s(x,y)$ 表示散射部分;它是透明片的信息携带者,把两张振幅透射率分别为 $t_1(x,y)$ 和 $t_2(x,y)$ 的透明片叠加在一起,并使两者在 x 方向上有一相对位移 d,其振幅透射率为

$$t(x,y) = t_1(x,y)t_2(x-d,y) = [a_1 + s_1(x,y)][a_2 + s_2(x-d,y)] \tag{3.42}$$

将其置于傅里叶透镜的前焦面上,用准单色光垂直照明,不考虑透镜孔径有限大小的影响,略去常数因子,透镜后焦面光场分布为

$$T(\xi,\eta) = a_1 a_2 \delta(\xi,\eta) + a_2 S_1(\xi,\eta) + a_1 S_2(\xi,\eta)\exp(j2\pi\xi d/\lambda f) +$$
$$S_1(\xi,\eta) * [S_2(\xi,\eta)\exp(j2\pi\xi d/\lambda f)] \tag{3.43}$$

式(3.43)中 $T(\xi,\eta)$、$S(\xi,\eta)$ 分别表示 $t(x,y)$ 和 $s(x,y)$ 的傅里叶变换，* 表示卷积运算。

当 $t_1(x,y) = t_2(x,y)$ 时，式(3.43)中第二、三两项会在谱面形成直线干涉条纹；第一项为 σ 函数，在谱面上是一亮焦点；第四项为平行光经过第一张透明片的散射光，经过第二张透明片后再次受到散射，这一项一般很小，又由卷积性质可知，它分布在比 $S_1(\xi,\eta)$ 大得多的区域里，所以可以忽略它对干涉条纹的影响。当 $t_1(x,y) \neq t_2(x,y)$ 时，由式(3.43)可知，谱面上不会有条纹出现。于是，可以根据谱面有无条纹出现来判断两张透明片的异同。考虑到实际应用中，两张透明片若不能绝对重合好，如出现两张透明片位置有相对旋转，或尺寸不同，或有相对轴间位移等。这种情况下能否出现干涉条纹，若能出现干涉条纹，条纹会不会受到什么影响？下面具体讨论。

1. 相对旋转：在实际调整过程中，两张透明片会有一定的相对旋转。设一张透明片相对另一张旋转了 α 角，有旋转角的透明片的频谱为

$$S'(\xi,\eta) = S(\xi\cos\alpha + \eta\sin\alpha, \eta\cos\alpha - \xi\sin\alpha) \tag{3.44}$$

在旋转角很小的情况下

$$S'(\xi,\eta) = S(\xi,\eta) + \alpha\eta\frac{\partial S}{\partial \xi} + \alpha\xi\frac{\partial S}{\partial \eta} \tag{3.45}$$

式(3.45)中第一项为有用信号，而后两项为由旋转而形成的噪音，它们与旋转角 α，坐标 ξ、η 成正比。因此，随着观察点远离中心对比度逐渐下降，直至条纹完全消失。实验给出当两透明片相对旋转 $0.4°$ 时，干涉条纹中心部分较为清晰，远离中心处于干涉条纹变得模糊。

2. 尺寸不同。在不同时间制作的透明片，即使是拍摄同一景物，也很难保证其尺寸完全相同，而这种不同，将会对条纹产生严重的影响。如果一张透明片在制作时相对另一张透明片放大了 A 倍，则其振幅透射率可以写成 $s\left(\dfrac{x}{A}, \dfrac{y}{A}\right)$，如果用 $S(\xi,\eta)$ 表示 $s(x,y)$ 的傅里叶变换，由傅里叶变换的相似性定理可知，$s\left(\dfrac{x}{A}, \dfrac{y}{A}\right)$ 的傅里叶变换为

$$U(\xi,\eta) = \frac{1}{A^2}S(A\xi, A\xi) \tag{3.46}$$

式(3.46)中 $U(\xi,\eta)$ 为 $s\left(\dfrac{x}{A}, \dfrac{y}{A}\right)$ 的傅里叶变换。在 $|A-1|$ 很小的情况下，可以把 A 写成 $1+a$，在 $|a\xi|\ll 1$，$|a\eta|\ll 1$ 的情况下，可把式(3.46)在 ξ、η 的邻域内展成泰勒级数，并略去二次以上的高次项，即

$$U(\xi,\eta) \approx \frac{1}{A^2}\left[S(\xi,\eta) + a\eta\frac{\partial S}{\partial \xi} + a\xi\frac{\partial S}{\partial \eta}\right] \tag{3.47}$$

显然，式(3.47)中后两项为噪音，它与 $a\xi$、$a\eta$ 成正比，因此，条纹的对比度随观察点远离中心而下降。

由于尺寸不同造成的条纹对比度下降乃至条纹消失，可以通过对一张透明片成像而使两者尺寸相同或把两张透明片放在同一透镜后不同位置来克服。后者光路和调整都要比前者简单得多。下面作简要的数学描述：一张透射率为 $s(x,y)$ 的透明片，放在透镜后焦面前 d_1 处，用单色准直光照明透镜，焦面上振幅分布为

$$U(\xi,\eta) = B\exp[jk(\xi^2+\eta^2)/2d_1](f/j\lambda d_1^2) \times$$
$$\iint_{-\infty}^{\infty} s(x,y)\exp[-j2\pi(x\xi+y\eta)/\lambda d_1]\mathrm{d}x\mathrm{d}y \tag{3.48}$$

$s(x,y)$ 放大 A 倍后，放在焦面前 d_2 处，在焦面上的振幅分布为

$$U'(\xi,\eta) = B\exp[jk(\xi^2+\eta^2)/2d_2](f/j\lambda d_2^2) \times$$
$$\iint_{-\infty}^{\infty} s\left(\frac{x}{A},\frac{y}{A}\right)\exp[-j2\pi(x\xi+y\eta)/\lambda d_2]\mathrm{d}x\mathrm{d}y \tag{3.49}$$

调整 d_2，使 $d_2 = Ad_1$，式(3.49)为

$$U'(\xi,\eta) = B\exp[jk(\xi^2+\eta^2)/2d_2](f/j\lambda d_1^2) \times$$
$$\iint_{-\infty}^{\infty} s(x,y)\exp[-j2\pi(x\xi+y\eta)/\lambda d_1]\mathrm{d}x\mathrm{d}y \tag{3.50}$$

把两张透明片同时放在光路中，在不考虑式(3.43)中第一、四项的情况下，焦面上的强度分布为

$$I(\xi,\eta) = \left|(Bf/j\lambda d_1^2)\int\!\!\int_{-\infty}^{\infty} s(x,y)[\exp-j2\pi(x\xi+y\eta)/\lambda d_2]\mathrm{d}x\mathrm{d}y\right|^2 \times$$
$$4\cos^2\{[k(\xi^2+\eta^2)/2][(1/d_1)-(1/d_2)]\} \tag{3.51}$$

可见等位线方程为一标准圆方程。因此，会在焦面上出现同心圆环，如图 3.30 所示。可以根据焦面上是否出现圆条纹来判断两张透明片是否相同。

3. 两张透明片有相对轴间位移。一般情况下，采取成像的方法实现两张透明片相叠，很难准确地把第二张透明片放在第一张透明片的像面上，这样，会使两张透明片在轴向上产生一定的相对位移，因而会对干涉条纹产生影响。设两张透明片到变换透镜的距离分别为 d_1 和 d_2，在不考虑式(3.43)中 0 级项的情况下，透镜谱面的光强分布为

$$I(\xi,\eta) = 4|S(\xi,\eta)|^2\cos^2\{(\pi/\lambda f)[(d_1-d_2)(\xi^2+\eta^2)/2f]-\xi d\} \tag{3.52}$$

其等位线方程为

$$(\pi/\lambda f)\{[(d_1-d_2)(\xi^2+\eta^2)/2f]-\xi d\} = n\pi \tag{3.53}$$

式中 n 为任意实数。上式也可以改写为

$$\{\xi-[fd/(d_1-d_2)]\}^2+\eta^2 = [2n\lambda f^2/(d_1-d_2)]+[f^2d^2/(d_1-d_2)^2] \tag{3.54}$$

方程(3.52)为一圆方程，中心位于 $\left(\dfrac{fd}{d_1-d_2},0\right)$。可见，两张透明片在轴间不重合时，干涉条纹会由直线变成曲线。当两张透明片只有轴间位移而无横向位移时，即 $d=0$，$d_1-d_2 \neq 0$，式(3.52)为

$$\xi^2+\eta^2 = 2n\lambda f^2/(d_1-d_2) \tag{3.55}$$

式(3.55)为中心位于坐标原点(焦点)的圆方程。这时干涉条纹是一组以坐标原点为中心的同心圆环，如图 3.31 所示。该图是在 $d=0$，$d_1-d_2=55$ mm 的情况下得到的干涉条纹。

4. 可以观察到条纹的区域。严格地说，条纹是定域在透镜的后焦面上的。实际上，在焦前、焦后很远的地方也可以看到干涉条纹，理论上也可以证明这一点。很容易证明，一张振幅透射率为 $s(x,y)$ 的透明片，准确放在傅里叶透镜的前焦面上，在透镜后 z 处其振幅分布为

图 3.30 两张相同但放大率不同的透明片进行识别时焦面上出现的圆条纹(该图为 $A=1.3$ 情况下得到的条纹图)

图 3.31 两张透明片只有轴向位移而无横向位移时的干涉图

$$S_x = \text{const} \int_\infty^\infty s(x,y) \exp[j\pi(1-z/f)(x^2+y^2)/\lambda f] \times$$
$$\exp[-j2\pi(x\xi+y\eta)/\lambda f] \, dx \, dy \tag{3.56}$$

对于有横向位移的透明片,其振幅透射率为 $s(x-d,y)$,在 z 处的光场分布为

$$S'_x(\xi,\eta) = S_x(\xi,\eta) \exp[-j2\pi d\xi/\lambda f] \exp[j\pi(1-z/f)(d^2+2xd)/\lambda f] \tag{3.57}$$

可见,当 $\exp[j(\pi/f)(1+z/f)(d^2+2xd)] \approx 1$ 时,仍然可以看到直线干涉条纹。因此,只要 $\frac{\pi}{\lambda f}\left(1-\frac{z}{f}\right) \cdot (d^2+2x_{\max}d) \ll \pi$ 就可以了。令 $z=f+\Delta$,则

$$\frac{\pi}{\lambda f} \cdot \frac{\Delta}{f}(d^2+2dx_{\max}) \ll \pi \tag{3.58}$$

或

$$\Delta \ll \lambda f^2/(d^2+2dx_{\max}) \tag{3.59}$$

一般情况下,$x_{\max} \gg d$。因此,式(3.59)可近似表示为

$$\Delta \ll \lambda f^2/2dx_{\max} \tag{3.60}$$

在透明片的最大半径为 10 mm,量玻璃片相对位移 $d=0.5$ mm,$\lambda=6\,328\times 10^{-7}$ mm,$f=850$ mm 的情况下

$$\Delta \ll 44 \text{ mm} \tag{3.61}$$

因此,在偏离焦面不太远的情况下,仍可以观察到较好的干涉条纹,所以在观察干涉条纹时,只要大致把接收屏放在焦面上就可以了。

三、实验光路

实验光路如图 3.32 所示。

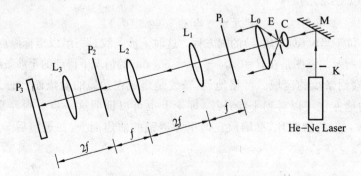

图 3.32 用干涉法进行图像识别的光路

四、实验仪器

He-Ne Laser：氦氖激光器；M_1、M_2、M_3：全反射镜；C：扩束镜（40×）；D：毛玻璃屏；L_0：准直透镜；L_1、L_2、L_3：傅里叶变换透镜；P_1：放置第一张透明片 $t_1(x,y)$；P_2：放置第二张透明片 $t_2(x,y)$；P_3：透镜 L_2 的后焦面——观察面；另：孔屏、白屏、尺、干板架 3 个（其中 1 个带 x 维、y 维、z 维、"旋转"、"俯仰"五个方向微调机构）。

五、实验要点

1. 按图 3.32 所示排好光路。取两张完全相同的透明片，将第一张透明片放在 P_1 面上，第二张透明片放在 P_2 面上。

2. 微调支持第一张透明片的干板架，通过对"x 维"、"y 维"、"z 维"、"旋转"、"俯仰"五个微调旋钮的仔细、耐心的调节，使第一张透明片在 P_2 面上成的像与第一张透明片完全重合，这是在 P_3 平面观察到均匀排直线干涉条纹。

3. 微调支持第一张透明片的干板架的"旋转"旋钮，使第一张透明片相对第二张透明片旋转了角度 α，当 α 很小时（如小于 $0.5°$），P_3 面上干涉条纹中心部分较为清晰，远离中心处的干涉条纹变得模糊。若转角 α 很大时，P_3 面上随着观察点远离中心对比度逐渐下降，直至条纹完全消失。

4. 微调支持第一张透明片的干板架的"z 维"调节旋钮，使两张透明片在轴向上产生一定的相对位移，P_3 面上的干涉条纹由直线变为曲线。当两张透明片有轴向位移而无横向位移时，P_3 面上的干涉条纹是一组以坐标原点为中心的同心圆环。

5. 在 P_1、P_2 面上换上另外两张透明片，它们图像完全一样，就是制作时一张透明片相对另一张透明片放大了 A 倍（A 比较小，如 1.1），此时 P_3 面上条纹的对比度将随观察点远离中心而下降。若把两张不同尺寸的透明片放在同一透镜后不同位置：一张放在透镜后，焦面前 d_1 处，用单色准直光照明透镜，另一张放大 A 倍的透明片放在焦面前 d_2 处，调整使 $d_2 = Ad_1$（图 3.33），此时在焦面上会出现同心圆环。

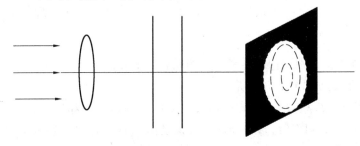

图 3.33　两张不同尺寸的透明片放在同一透镜后不同位置时焦面上的干涉图

6. 沿光轴方向移动 P_3 平面，仍可观察到较好的干涉条纹。在焦前、焦后较远的地方都可以看到干涉条纹。

六、问题与讨论

把干涉法进行图像识别和方位匹配滤波进行图像识别的方法进行比较，各有什么优缺点？

实验二十七 基于联合变换的光学识别

一、实验目的

1. 掌握联合变换相关的基本原理和联合变换功率谱重现的相关簇特点。
2. 分别拍摄相同图像、相似图像、不相似图像 3 种情况并重现其联合变换功率谱,观察该 3 种情况下的相关峰和用联合变换实现光学图像识别的效果。
3. 进一步学习光学图像识别的方法,体会光学图像识别的要素。

二、实验原理

本实验根据联合变换相关原理。如图 3.34 所示,图中 L 为傅里叶变换透镜,待识别图像 $t(x_1,y_1)$ 置于输入平面的一侧,其中心位于 $(-a,0)$ 参考图像 $r(x_1,y_1)$ 置于输入平面的另一侧,其中心位于 $(a,0)$。

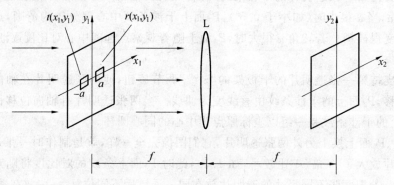

图 3.34 联合变换功率谱的记录

用准直的激光束照明,并通过透镜进行傅里叶变换,则在透镜后焦面上的振幅分布为

$$F(f_x,f_y)=\int_{-\infty}^{\infty}\int_{-\infty}^{\infty}[t(x_1+a,y_1)+r(x_1-a,y_1)]\exp[-j2\pi(f_xx_1+f_yy_1)]dx_1dy_1 \quad (3.62)$$

$F(f_x,f_y)$ 称为待识别图像和参考图像的联合傅里叶谱。

式(3.62)可以写成式(3.63)的形式,即

$$F(f_x,f_y)=T(f_x,f_y)\exp(j2\pi f_xa)+R(f_x,f_y)\exp(-j2\pi f_xa) \quad (3.63)$$

式(3.63)中 $T(f_x,f_y)$ 和 $R(f_x,f_y)$ 分别是待识别图像 $t(x_1,y_1)$ 和参考图像 $r(x_1,y_1)$ 的傅里叶变换谱。

透镜后焦面的光强分布为

$$\begin{aligned}I=&|F(f_x,f_y)|^2=\\&|T(f_x,f_y)|^2+|R(f_x,f_y)|^2+T(f_x,f_y)R^*(f_x,f_y)\exp(j4\pi f_xa)+\\&T^*(f_x,f_y)R(f_x,f_y)\exp(-j4\pi f_xa)=\\&|T(f_x,f_y)|^2+|R(f_x,f_y)|^2+2|T(f_x,f_y)R(f_x,f_y)|\times\\&\cos[4\pi f_xa+\Phi_T(f_x,f_y)-\Phi_R(f_x,f_y)]\end{aligned} \quad (3.64)$$

式(3.64)中的 $\Phi_T(f_x,f_y)$ 和 $\Phi_R(f_x,f_y)$ 分别是 $T(f_x,f_y)$ 和 $R(f_x,f_y)$ 的位相。式(3.64)就是待识别图像和参考图像的联合傅里叶变换的功率谱。

对上述联合变换功率谱再进行一次逆傅里叶变换，如图 3.35 所示。

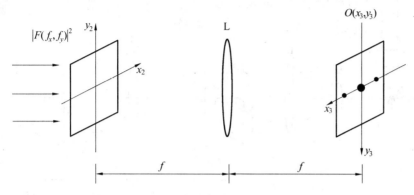

图 3.35 联合功率谱的逆傅里叶变换

在傅里叶透镜 L 的前焦面上放置图 3.35 中记录的联合变换功率谱,然后用准直激光束照明,这样在线性记录和反演坐标条件下,就在透镜的后焦面上得到原输入物面上两个图像的 0 级自相关峰和 ± 1 级互相关峰,即

$$O(x_3,y_3) = t(x_3,y_3) \otimes t(x_3,y_3) + r(x_3,y_3) \otimes r(x_3,y_3) + \\ t(x_3,y_3) \otimes r(x_3,y_3) * \delta(x_3+2a,y_3) + \\ t(x_3,y_3) \otimes r(x_3,y_3) * \delta(x_3-2a,y_3) \quad (3.65)$$

式中$\otimes$表示相关运算，$*$表示卷积运算，式中的第 1 项和第 2 项分别是输入待识别图像和参考图像的自相关项,均位于输出平面的中心附近,可以称为 0 级项,它们不是所需要的输出信号。第 3、4 项是待识别图像和参考图像的互相关项,在反演坐标下,它们分别位于 $(-2a,0)$ 和 $(2a,0)$ 处,在输出平面上沿 x_3 轴分别平移 $-2a$ 和 $2a$,称为 1 级项,这两项正是所需要的相关输出信号。适当选取 $2a$ 值,就能使相关输出信号从其他项中分离出来。对 1 级互相关峰的光强的测量可判断待识别图像和参考图像之间的相关程度,即相关峰越强则表明待识别图像和参考图像越相关。因此,它在识别目标时,不用制作匹配滤波器。

三、实验仪器

He-Ne 激光器(40 mW 左右) 1 台；干板架 2 个；电子快门 1 个；观察屏 1 个；扩束镜 1 个；二值化图像多组；$\Phi 100$ 准直镜 1 个；全息干板若干小块；$\Phi 100$ 傅里叶变换透镜 1 个。

四、实验步骤

1. 制作实验图形

用硬纸板或黑纸板制作几组二值化的实验图形,如使用字母"E"为参考图像,字母"E"、"F"、"A"分别为待识别图像,各字母大小一致。由于输入图像中心间距为 $2a$,最后重现的相关峰距中心的间距为 $2a$,而各个字母都有一定的宽度,因此要注意使字母宽度小于 a,否则将导致重现的相关峰产生叠合。

2. 布置实验光路

记录联合变换功率谱的实验光路如图 3.36 所示。图中 L 和 L_c 分别是扩束、准直透镜,

L_1 是傅里叶变换透镜,其前焦面 P_1 是输入面,后焦面 P_2 放置全息干板进行联合变换功率谱的记录。注意:在放置输入物像时要对称于光轴。

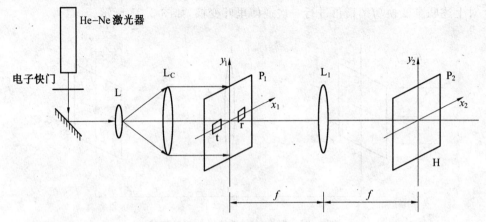

图 3.36　联合变换相关实验记录光路示意图

3. 拍摄与干板处理

在 P_1 面上分别放置不同的实验图形,分别记录多组图形的联合变换功率谱,更换过程中注意不要触动其他光学元件,更换后需要保持静止 1 min 以上才开始拍摄。由于功率谱中心光强很强,记录时间一般仅为 1～3 s。干板在显影过程中要注意观察,否则显影时间长了容易导致显影过度。定影、漂白、烘干过程与其他全息照相实验过程一致。

注意:随着曝光、显影的时间不同,全息底片的衍射效果将会不同,重现的相关峰强度也不同,影响对两物像相关程度的判断。因此,对多张底片的曝光时间要固定一致,显影时最好放到一个平板上,在显影液中同时显影,同时取出。

4. 重现与观察

将处理好的底片分别放置在如图 3.36 所示光路中的 P_1 面上对准,观察在 P_2 面上出现的自相关峰和两个互相关峰。观察不同组图像相应的互相关峰强度。

五、问题与讨论

理想的联合变换功率谱再经过一次逆傅里叶变换后,在输出平面的 $(-2a, 0)$ 和 $(2a, 0)$ 两个位置上出现互相关峰,易于用光电探测器接收并判断相关点强度。但从实验结果可以看出,联合变换功率谱再现的相关峰不是一个点,而具有展宽现象。这是由于对输入图像进行傅里叶变换时,两个图像的各个部分之间都要进行傅里叶变换,使得联合变换功率谱在进行逆傅里叶变换时产生的相关峰展得很开,不易积分获得相关峰的强度,从而给判断待识别图像和参考图像的相关程度带来一定的困难。

以上问题可以通过图像分割或计算机处理功率谱等方法加以解决。

实验二十八 基于 LCLV 的实时联合变换光学识别

一、实验目的

1. 掌握液晶光阀(LCLV)相关的基本原理。
2. 掌握利用 LCLV 实现联合变换的基本工作原理,掌握其得到的联合变换功率谱重现的相关簇特点。
3. 了解并掌握液晶光阀对功率谱的偏振调制。
4. 分别拍摄相同图像、相似图像、不相似图像 3 种情况并重现其 LCLV 联合变换功率谱,观察该 3 种情况下的相关峰和用 LCLV 联合变换实现光学图像识别的效果。
5. 进一步学习光学图像识别的方法,体会光学图像识别的要素。

二、实验原理

1. 液晶光阀的工作原理

液晶光阀的工作原理基于液晶的两种场效应分别是:扭曲向列效应和场致双折射效应。在暗断态使用,通常是扭曲向列效应起作用;在亮通态使用,场致双折射起作用。本实验介绍的是反射式交流 CdS 液晶光阀,其结构剖面如图 3.37 所示。在组成液晶盒的两玻璃间加上交流电时,液晶分子逐渐沿电场取向,使未加电场前沿面排列的分子变成垂直液晶盒表面排列。液晶分子的偏转程度与电场强度有关。当一束线偏振光通过液晶光阀时,出射光的偏振态受到电场强度的调制。当写入光为一幅图像时,对于图像上暗的像素位置,光导层没有受到光照,电导率很低,故外电压主要落在光导层上,液晶仍具有扭曲 45°的排列结构,输出光强 I_0 为零。对于图像上强的像素位置,由于内光电效应,光导层的阻抗急剧变小,外电压大部分降落在液晶上,于是,读出光强 I_0 为最大。对于不同强度的像素,相应的 I_0 值在零和极大值之间。这样,读出光强度的空间分布被写入图像的空间分布所调制,实现了图像的非相干—相干转换。

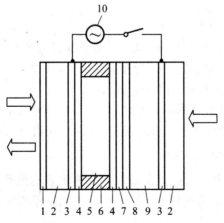

图 3.37 液晶光阀的结构

1—消反射膜层;2—平板玻璃;3—透明电极;4—液晶分子取向膜层;
5—扭曲液晶;6—隔圈;7—高反射膜;8—隔光层;9—光导层;10—电源

2. 利用液晶光阀实现联合变换的基本工作原理

利用液晶光阀实现的联合变换的基本工作原理为:由液晶光阀将频谱面上的输入物体的频谱转化为功率谱,再通过傅里叶透镜 L_2。对其进行逆傅里叶变换,在输出面上即得到了自相关亮点和互相关点,如图 3.38 所示。

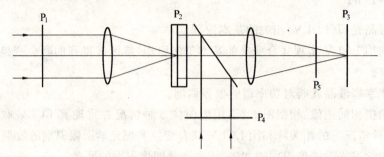

图 3.38 基本光路图

在输入平面 P_1 上并排放着参考物体 $f(x)$ 和待识别物体 $g(x)$,为简单起见,讨论一维问题。物体的中心位置分别为 $a,-b$,P_1 面上的透过率函数为

$$t(x_1) = f(x_1 + a) + g(x_1 - b) \tag{3.66}$$

经 L_1 后,即实现傅里叶变换,其频谱为

$$T(x_2) = F(x_2)\exp[j2\pi\beta_1 x_2] + G(x_2)\exp[-j2\pi\beta_2 x_2] \tag{3.67}$$

x_2 为频谱面上物理位置,$\beta_1 = \dfrac{a}{\lambda f_1}$,$\beta_2 = \dfrac{b}{\lambda f_1}$,$f_1$ 为 L_1 的焦距。

通过液晶光阀将上述频谱转为功率谱 $H(x_2)$

$$\begin{aligned}H(x_2) = |T(x_2)|^2 = &|F(x_2)|^2 + |G(x_2)|^2 + F(x_2)G^*(x_2)\exp[j2\pi(\beta_1+\beta_2)x_2] + \\ &F^*(x_2)G(x_2)\exp[-j2\pi(\beta_1+\beta_2)x_2]\end{aligned} \tag{3.68}$$

再经透镜 L_2,即进行一次逆傅里叶变换,在相关输出面 P_3 上得到

$$\begin{aligned}I(x_3) = &f(x_3)\otimes f(x_3) + g(x_3)\otimes g(x_3) + \\ &f(x_3)\otimes g(x_3) * \delta[x_3 + (a+b)] + \\ &f(x_3)\otimes g(x_3) * \delta[x_3 - (a+b)]\end{aligned} \tag{3.69}$$

其中符号 $\otimes$ 表示相关,$*$ 表示卷积。

式(3.69)即分为四项,前两项为直流项,是两个物函数各自的自相关之和,位置在相关输出面的原点。后两项为两物函数之间的互相关函数,位置在相关输出面的 $x_3 = \pm(a+b)$ 处。其中 x_3 为相关输出面 P_3 上的物理位置。

当待识别物体和特征物体相同时,即 $f(x) = g(x)$,这样在 P_3 面的 $(a+b)$ 和 $[-(a+b)]$ 处能看到与坐标原点相对称的两个自相关亮点,从而识别出所需目标。

3. 液晶光阀对功率谱的偏振调制

由液晶光阀的原理,利用其偏振调制特性对功率谱进行处理。利用简化的混合场效应模式,经理论计算得出当检偏器的透光方向与读出线偏振光的偏振方向正交时,读出光强为

$$\begin{aligned}I = \dfrac{E^2}{4}\Big\{&2 - \dfrac{3}{2}\sin^2 2\varphi - 2\cos^2 2\varphi\cos 2\Delta\delta - \\ &\dfrac{1}{2}\sin^2 2\varphi\cos 4\Delta\delta + 2\sin 4\varphi\sin 2\Delta\delta\sin\Delta\delta\Big\}\end{aligned} \tag{3.70}$$

其中 φ 是读出线偏振光方向与液晶表面竖直方向的夹角。$\Delta\delta$ 是与写入光强和工作电压有关的量。

由式(3.68)可知,写入光强是一随 x_2 而变化的量,因此不同的位置 x_2 处有不同大小的写入光强,其对应的 $\Delta\delta$ 不同。又可以通过改变加于液晶光阀上的交流电压以改变 $\Delta\delta$,从而实现对输入图像的功率谱进行改善,比如对式(3.68)中的前两项进行抑制,而对后两项进行增强,再经 FL_2 变换后,即得出不同的读出光强。

三、实验仪器

He-Ne 激光器(40 mW 左右)1 台;干板架 2 个;电子快门 1 个;观察屏 1 个;扩束镜 1 个;液晶光阀 1 个;二值化图像多组;半反半透镜 1 个;偏振器 2 个;全息干板若干小块;Φ100 傅里叶变换透镜 2 个;Φ100 准直镜 1 个。

四、实验步骤

1. 制作实验图形

用硬纸板或黑纸板制作几组二值化的实验图形,如使用字母"E"为参考图像,字母"E"、"F"、"A"分别为待识别图像,各字母大小一致。由于输入图像中心间距为 $2a$,最后重现的相关峰距中心的间距为 $2a$,而各个字母都有一定的宽度,因此要注意使字母宽度小于 a,否则将导致重现的相关峰产生叠合。

2. 布置实验光路

记录利用 LCLV 的联合变换功率谱的实验光路如图 3.38 所示。

注意:在放置输入物像时要对称于光轴。

3. 拍摄与干板处理

平行光照射物平面 P_1 液晶光阀读入物体的频谱,另外一束平行光从光阀中读出功率谱,再做一次傅里叶变换,经一检偏器,最后在相关输出面上得到相关结果。实验中使用的傅里叶透镜焦距为 80 cm。

在 P_1 面上分别放置不同的实验图形,分别记录多组图形的联合变换功率谱,更换过程中注意不要触动其他光学元件,更换后需要保持静止 1 min 以上才开始拍摄。由于功率谱中心光强很强,记录时间一般仅为 1~3 s。干板在显影过程中要注意观察,否则显影时间长了容易导致显影过度。定影、漂白、烘干过程与其他全息照相实验过程一致。

注意:随着曝光、显影的时间不同,全息底片的衍射效果将不同,重现的相关峰强度也不同,影响对两物像相关程度的判断。因此,对多张底片的曝光时间要固定一致,显影时最好放到一个平板上,在显影液中同时显影,同时取出。

4. 重现与观察

将处理好的底片分别放置在图 3.36(参考实验二十七)所示光路中的 P_1 面上对准,观察在 P_3 面上出现的自相关峰和两个互相关峰。观察不同组图像相应的互相关峰强度。

五、说明

1. 物函数与比较函数间距不能过大,两物函数在频谱面上产生的干涉纹空间频率不能大于 LCLV 的空间频率。

2.液晶光阀可对频谱进行非线性调制。通过改变 LCLV 的光电参数可以实现对频谱的非线性调制,同时可对频谱进行改善,记录到较好的干涉谱——黑底亮谱,从而减少了相干噪声,在 P_3 面上可以得到亮度可调的相关亮点。

3.利用 LCLV 的联合变换系统具有实时处理能力。

4.适当配置外设,如 CRT,CCD,可以实现实时自动化,得到较准确的识别,且无需防震。

实验二十九　用傅里叶变换全息图做资料存储

一、实验目的

1.掌握用傅里叶变换全息图做资料存储的原理。
2.用这种方法将一页书的文字存储在直径小于 2 mm 的小"点"上。

二、实验原理

全息存储是用全息的方法记录物频谱,把图像、文字、数据超缩微存储起来的方法。在前面介绍傅里叶变换全息图时,曾经得到一个有益的启示,即物经过透镜以后在某一特定位置上会将物的全部信息集中在一个较小的区域范围内,这一特性为全息存储提供了有用的手段。先将欲存储的文字或图像用翻拍机缩成一张 135 胶片,以此胶片作为物来存储。物经透镜成像的光路如图 3.39 所示,图中 AB 为物,L 为成像透镜,H 为物的频谱面,$B'A'$ 为像面上物 AB 的倒像,当 AB 在 L 的前焦面时,可在像面上得到 AB 放大、倒立的实像。

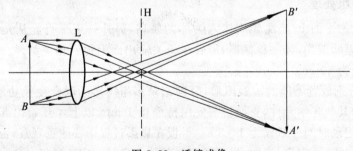

图 3.39　透镜成像

全息存储的记录原理如图 3.40 所示,存储原稿 AB 的物分布为 $g(x_0,y_0)$,用平行光将 $g(x_0,y_0)$ 照明,用透镜 L 对物进行傅里叶变换,在后焦面上得到频谱函数 $G(f_x,f_y)$,其中 $f_x=x/\lambda f,f_y=y/\lambda f$,由于 λ 比 f 小得多,所以 $G(f_x,f_y)$ 在后焦面上的分布实际上集中在焦点附近,稍微离焦一点(离焦的原因详见讨论 1),频谱分布仍占直径约为 1~2 mm 左右的小面积。如在后焦面上放置一记录介质,并引入一束细光束 R 作为参考光与之相干涉,将物信息冻结在记录介质上,制得一张面积很小的全息图,这就是全息存储的记录。

要存储的原稿 P 是一张负片,当光束穿过原稿的透明部分时,它会发生衍射。其衍射角的大小取决于原稿中空间频率的高低,在图 3.39 中 AB 为存储原稿的对角线。考虑到最极端的情况,假设原稿在 A、B 两点具有最高的空间频率,则物光束透过原稿 A、B 两点时将

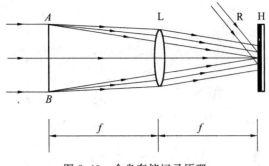

图 3.40 全息存储记录原理

有最大的一级衍射角,原稿中其他任何一点的一级衍射角都不会超过此值。A、B 两点的衍射光经过存储物镜 L 后,将分别会聚与像面 A' 和 B' 上。同样,原稿中任何一点的衍射光也都被存储物镜会聚于像面的某一点上,并必定在 A' 和 B' 之间。如果在 L 的焦点附近放置全息干板,并引入一束与其相干的参考光 R 作全息记录,就能把由 L 射向像面的成像光束记录下来。

全息存储的再现光路如图 3.41 所示。用细激光束 C 照射全息图,方向与记录时参考光 R 的方向相同,必然又会衍射出被"冻结"的成像光束,并在相应于像面处得一放大实像。这就是全息存储的再现过程。

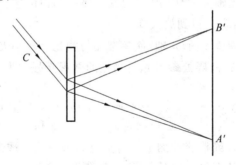

图 3.41 全息存储再现光路

三、实验光路

实验光路如图 3.42 所示。

四、实验仪器

He-Ne Laser:氦氖激光器;BS:连续分束镜;C:扩束镜(40×);L_1:准直透镜;O:被存储物(透明胶片);L_2:存储物镜;H:全息干板;另:孔屏、白屏、干板架(2个)、尺、激光功率计或检流计、曝光定时器、暗室设备一套等。

五、实验步骤

1. 点燃激光器,调整由激光器出射的细光束与工作台平行,用自准直方法将各光学元件的表面调至与工作台面垂直。

2. 排迈克尔逊实验光路,检查工作台的稳定性。

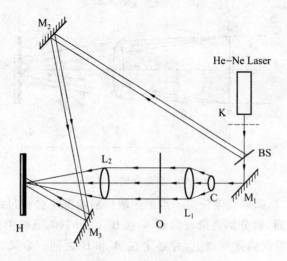

图 3.42 全息存储记录光路

3. 按照图 3.42 依次加入光学元件排好光路，注意以下几点：

(1) 调整 C 和 L_1 相对位置，使二者共焦，从 L_1 射出平行光。

(2) 在离 L_1 的距离大于 $2f$（f 为 L_2 的焦距）的地方放上白屏，在白屏和 L_1 之间加上傅氏透镜 L_2 作为存储物镜，沿光轴方向移动 L_2，使其后焦面和白屏重合，在 L_2 前 1~2 倍焦距之间放进被存储物（才能在再现时得到放大像）。

(3) M_3 尽量靠近存储物镜 L_2 的光轴，使参考光与物光有较小夹角，且二者光程相等。

(4) 调节 BS 的位置使在白屏处参考光与物光的微观光强比为 3∶1（使用微观光强比的原因见讨论 4）。

$$微观光强比 = \frac{宏观参考光强/参考光斑面积}{宏观物光强/物光斑面积/占空比}$$

其中宏观光强用功率计或检流计测量。占空比为透明胶片透光面积和总面积之比。

4. 离焦记录。将白屏从存储物镜后焦面向后移动一个小距离，使物光斑直径为 2 mm 左右，参考光斑与物光斑严格重合。关闭光开关，用全息干板 H 换下白屏，稳定 1 min 后用曝光定时器控制光开关曝光。

5. 将曝光后的全息干板在暗室进行常规的显影、定影、水洗、干燥等处理得一存储全图。

6. 再现。把全息图放回干板架上，挡着物光，用原来的细光束参考光照射全息图，就会衍射出被"冻结"的成像光束并在相应于 $\vec{B'A'}$ 的平面位置上用毛玻璃接受到存储原稿的再现像。

六、问题与讨论

1. 全息图尺寸（最小光斑尺寸）的确定：光斑的大小必须和微缩资料分辨率一致，资料信息的最小分辨单元决定了全息图的最高空间频率 ν，即 $\nu = \vec{d}/\lambda f$（λ 为激光波长，f 为存储物镜的焦距）。如果频谱面上能记录下空间频率最高的一组 ±1 级谱，则存储资料的主要信息就被记录下来，可得到细节较清晰的再现像。可见，光斑的最小直径 $d = 2 \cdot (1/\nu) = 2 \cdot (\lambda f/\vec{d})$。对一般的文件资料，光斑直径小于 2 mm。

2. 每个点全息图的最大容量由两个因素决定，一个是记录介质的性质，另一个是记录系统的光学性能。存储物镜是光路中的关键元件，所能记录的原稿大小受存储物镜入瞳直径的限制，存储透镜的入瞳直径必须大于存储原稿的对角线。再现像的质量很大程度上取决于存储物镜的成像质量。存储物镜的鉴别率决定了所能存储的原稿最小细节，因而选用存储物镜必须能鉴别整个存储原稿。另外，镜头的极限存储容量 Q 必须大于要存储的总信息量。Q 值指的是能在同一全息图里记录下的最大信息量，它与镜头的入射直径和鉴别率两者的平方成正比，Q 值可按下式计算，即

$$Q/\text{比特} = \frac{K}{K^2+1} D^2 C^2 \tag{3.71}$$

式(3.71)中 D 为存储物镜的入瞳直径，单位为 mm，C 为存储物镜的鉴别率，单位为线对/mm，由于鉴别率与物距及视场有关，代入公式的 C 值应取存储物镜在所选工作距上全视场中的最低值；K 为存储原稿的长宽比，$K \geqslant 1$。另外，对镜头的极限存储密度 Y 也应有一定要求，存储物镜的 Y 值指的是平均在全息图单位面积上所能存储的最大信息量，其单位为 bit/mm²。Y 值可按式(3.72)计算，即

$$Y = \frac{A}{(F\lambda)^2} \tag{3.72}$$

式(3.72)中 F 为存储物镜的 F 数，即相对孔径的倒数，它与常数 K 及全息图直径 d_H 和焦面上艾利斑直径 d_A 之比有关。可见，为了获得较高的存储密度，必须选用大相对孔径的镜头作为存储物镜，而只靠选用短焦距的镜头来减小 d_H，或只靠选用大入瞳直径 D 的镜头来增加存储容量的办法都无济于事。

3. 通常记录漫反射体的菲涅尔全息图时，其光强比是测到的参考光和物光的宏观强度比，而全息存储记录时，目标是透明胶片，采用傅里叶变换全息图的光路，离焦记录物光波的频谱，其强度在谱面上是不均匀的，即干板各处的调制度是不相同的。这时不能再用宏观光强比而应采用微观光强比，即在物光有贡献的地方，单位面积的参考光强与单位面积物光强之比。

4. 当存储的物为文字时，由于提供的存储图片上的信号（文字）是二进制的，并只要勾画出字迹来即可，因此，对光路的要求不高，光路中也可不加孔针滤波器，但在存储图像时，要求加针孔滤波器，并且光路必须洁净，否则再现图像上要引起相干噪声斑纹。

5. 当存储文字密度较高时，就必须考虑记录介质本身引起的噪声，比如全息干板乳胶不平引起的噪声，表现为再现像中文字虽可逐个认清，但总体上光强有起伏，甚至出现水纹图像分布。当存储文字密度更大时，乳胶厚度随底片上表示文字的银粒密度不同而分布，造成更严重的噪声，使再现像中字迹断断续续，光强时强、时弱。若再现像中有上述现象可换用存储密度小的物。

6. 若再现像中图像字迹只能分得清行，分不清细节，则多半是由于参考光与物光中心未对准造成。图像空间频率高而参考光束偏小，使图像的高频信息（甚至±1级）未能记录在全息图中，也会造成上述现象。

7. 用傅里叶变换全息图作资料存储时为什么要离焦记录？请你在实验过程中探索一下最佳离焦量。

第 4 章 模拟篇——计算机仿真实验

现代光学的最新进展之一,是光学信息处理和数字光计算的飞速发展。光学信息处理是以傅里叶分析方法为核心研究光学成像和光学变换的理论和技术。它以光子传递信息,利用光学或光电子器件进行操作运算,用光的折射、干涉和衍射等特性来实现对输入信息的各种变换和处理。

光信息处理最大的优势是其高速度、并行性及互连性。首先,光子在真空中的高速传播使得光信息在处理过程中的高速度显而易见;其次,光学图像处理及其变换过程本来就是二维并行性的;此外,光子属于玻色子,不带电荷,不易发生交互作用,因此光束可以在空间交叉传播而互不影响,这是实现无干涉互连的极好条件。随着现代科学技术的发展和社会需要的扩大,电子计算机越来越不适应并行、大容量的数据和图像的快速计算传输和实时处理的要求。因此,光信息处理引起人们的广泛关注。

在计算机飞速发展的今天,光学实验仿真受到越来越多的科研工作者和教育工作者的广泛关注。其应用主要有两个方面:第一是在科学计算方面,利用仿真实验的结果指导实际实验,减少和避免贵重仪器的损伤;第二是在光学教学方面,将抽象难懂的光学概念和规律,由仿真实验过程直观地描述,让学生饶有兴趣地掌握知识。

在光学教学方面,国外已有相关的配有光盘演示光学实验的教材,该教材主要针对高年级学生和研究生使用。其中不仅详尽地介绍了几何光学、物理光学、光学成像技术及图像处理技术,而且利用现代普遍使用的软件工具 Matlab 对它们进行了系统的仿真,也有针对理科和工科低年级学生使用的光学教材,该教材使用 MatchCAD 绘制各种逼真的光学仪器,创造出仿真的光学实验室,学生可利用其进行探索和发现性学习,充分调动学生的积极性。还有网络版学习教材,该教材采用 Mathematia 进行光学仿真计算,结合 LiveGraphic3D Java1.1 的动画制作功能在网络上实时演示各种光学实验的结果图。我国光学教材在利用计算机仿真方面相对落后。在 2003 年北京举行的网络教育软件展上,有关光学实验的网络教学软件都偏重于理论分析方面,对计算机应用于光学实验的仿真方面未给予充分的重视。

在工程设计领域中,人们通过对研究对象建立模型,用计算机程序实现系统的运行过程和得到运算结果,寻找出最优方案,然后再予以物理实现,此即为计算机仿真科学。在计算机日益普及的今天,计算机仿真技术作为虚拟实验手段已经成为计算机应用的一个重要分支。它是继理论分析和物理实验之后,认识客观世界规律性的一种新型手段。

计算机仿真过程是以仿真程序的运行来实现的。仿真程序运行时,首先要对描述系统特性的模型设置一定的参数值,并让模型中的某些变量在指定的范围内变化,通过计算可以求得这种变量在不断变化的过程中系统运动的具体情况及结果。仿真程序在运行过程中具有以下多种功能。

(1)计算机可以显示出系统运动时的整个过程和在这个过程中所产生的各种现象和状态。具有观测方便,过程可控制等优点。

(2)可减少系统外界条件对实验本身的限制,方便地设置不同的系统参数,便于研究和发现系统运动的特征。

(3)借助计算机的高速运算能力,可以反复改变输入的实验条件、系统参数,大大提高实验效率。

因此,计算机仿真具有良好的可控制性(参数可根据需要调整)、无破坏性、可复现性(排除多种随机因素的影响,如温度、湿度等)、易观察性(能够观察某些在实验当中无法或者难以观察的现象和难以实现的测量,捕捉稍纵即逝的物理现象,可以记录物理过程的每一个细节)和经济性(不需要贵重的仪器设备)等特点。

在光学仪器设计和优化过程中,计算机的数值仿真已经成为不可缺少的手段。通过仿真计算,可以大幅度节省实验所耗费的人力、物力,特别是在一些重复实验工作强度较大且对实验器材、实验环境等要求较苛刻的情况下,如在大型激光仪器的建造过程中,结合基准实验的仿真计算结果能够为激光器的设计和优化提供依据。

仿真光学实验也可应用于基础光学教学。光学内容比较抽象,如不借助实验,学生很难理解,如光的干涉、菲涅耳衍射、夫琅禾费衍射等。光学实验一般需要稳定的环境,高精密的仪器,因此在教室里能做的光学实验极为有限,而且也受到授课时间的限制。为克服光学实验对实验条件要求比较苛刻的缺点,可采用计算机仿真光学实验,特别是光学演示实验,配和理论课的进行,把光学课程涉及的大多数现象展示在学生面前,以加深对光学内容的理解。如利用计算机仿真联合变换相关实验,可以得到清晰的相关峰,而在实验中液晶光阀的分辨率较低,很难得到清晰的相关峰;又如光学菲涅耳衍射与夫琅禾费衍射,初学者不易理解,如果通过光学仿真实验,可以计算出它们之间的演化规律,清楚地说明二者之间的联系与区别。学生们可以根据对光学原理和规律的理解,自己设置在仿真光学实验中的可控参数,探索和发现光学世界的奥秘,调动学习的积极性。

实验三十 激光光束及其自由传输仿真

一、实验目的

1. 掌握高斯光束的特点。
2. 熟练使用 Matlab 软件编写 m 文件对激光高斯光束及其自由传输进行仿真。

二、实验器材

装有 Matlab 软件的电脑。

三、实验原理

激光具有很好的单色性(时间相干性)、方向性(高度的空间相干性)以及很高的相干光强(高亮度),因此得到了极为广泛的应用。激光器产生的激光束,既不同于点光源发出的球面波,又不同于平行光束的平面波。无论是方形镜共焦腔还是圆形镜共焦腔,它们所激发的基模横波场都是一样的,其横向振幅分布为高斯函数,又称为基模高斯光束,或简称高斯光束。沿 z 轴方向传播的高斯光束解析表达式如下(对于高阶横模,可以用厄米—高斯光束表

示）

$$E(x,y,z)=E_0\frac{w_0}{w(z)}e^{-\frac{x^2+y^2}{w^2(z)}}e^{-j\left\{k\left[z+\frac{x^2+y^2}{2R(z)}\right]\arctan\frac{z}{f}\right\}} \quad (4.1)$$

式中 $R(z)$、$\omega(z)$ 分别表示 z 坐标处高斯光束的等相位面曲率半径及等相位面上的光斑半径。f 为产生高斯光束的共焦腔焦参数，也称高斯光束的焦参数。ω_0 和 f 存在如下关系，即

$$f=\frac{\pi\omega_0^2}{\lambda} \qquad \omega_0=\sqrt{\frac{\lambda f}{\pi}}$$

高斯光束的基本性质有以下三点：

(1) 振幅分布及光斑半径

高斯光束在任一 z 坐标处，其横向振幅分布均为高斯型分布，光斑半径随 z 坐标而变，即

$$\omega(z)=\omega_0\sqrt{1+\left(\frac{z}{f}\right)^2}=\omega_0\sqrt{1+\left(\frac{\lambda z}{\pi\omega_0^2}\right)^2} \quad (4.2)$$

在 $z=0$ 处，$\omega(0)=\omega_0$ 为腰斑半径，又称"光腰"或"束腰"。z 轴坐标原点设在光束的腰处。在 $z=\pm f$ 处，$\omega(\pm f)=\sqrt{2}\omega_0$。

(2) 等相位面分布

沿高斯光束轴线每一点处的等相位面都可以视为球面，曲率半径也随 z 坐标而变，即

$$R(z)=z\left[1+\left(\frac{f}{z}\right)^2\right]=z\left[1+\left(\frac{\pi\omega_0^2}{\lambda z}\right)^2\right] \quad (4.3)$$

(3) 远场发散角

高斯光束的远场发散角的定义为

$$\theta=2\sqrt{\frac{\lambda}{\pi f}}=\frac{2\lambda}{\pi\omega_0} \quad (4.4)$$

由此式可见，腰斑越小，发散角越大。

四、仿真程序及结果

1. 高斯光强分布的仿真程序及结果

仿真程序代码如下：

```
clear;
clc;
%设定各个参数的值
w0=0.5;
r=linspace(0,3*w0,200);
eta=linspace(0,2*pi,200);
[rho,theta]=meshgrid(r,eta);     %生成网格坐标
[x,y]=pol2cart(theta,rho);       %x,y赋值
Iopt=exp(-2*rho.^2/w0^2);        %z轴赋值
surf(x,y,Iopt);                  %绘制三维表面图
shading interp;                  %平滑涂色图,无格线
```

%坐标轴标注及标题
xlabel('位置/mm');
ylabel('位置/mm');
zlabel('相对强度/a.u.');
title('高斯强度分布');
axis([-3*w0,3*w0,-3*w0,3*w0,0,1]);   %坐标轴范围设置
colorbar;
colormap('hot');   %图形着色
box on;   %加边框
grid off;   %无网格
仿真结果如图 4.1 所示。

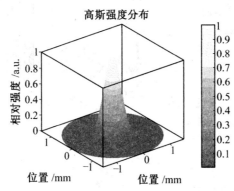

图 4.1　高斯光强分布的三维表面图

2. 高斯光束在自由传输过程中强度变化的仿真程序及结果

仿真程序代码如下：
clear;
clc;
%设定各个参数的值
lambda=1.064e-3;
w0=0.5;
ZR=pi*w0^2/lambda;
z=linspace(-2*ZR,2*ZR,200);
y=linspace(-4*w0,4*w0,200);
[py,pz]=meshgrid(y,z);   %生成网格坐标
wz=w0*sqrt(1+(lambda*pz/pi/w0^2).^2);
Iopt=w0^2./wz.^2.*exp(-2*py.^2./wz.^2);%z轴赋值
surf(pz,py,Iopt);
shading interp;
xlabel('位置/mm');
ylabel('位置/mm');

```
zlabel('相对强度/a.u.');
title('高斯强度分布的传输');
colorbar;
colormap('hot');
box on;
grid off;
```
仿真结果如图 4.2 所示。

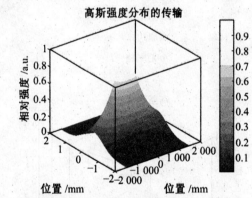

图 4.2 高斯光束在自由传输过程中的强度变化

五、问题与思考

高斯光束有哪些方面的应用？

实验三十一 平行光束通过透镜聚焦

一、实验目的

熟练使用 Matlab 软件对平行光束通过透镜聚焦进行仿真。

二、实验器材

装有 Matlab 软件的电脑。

三、实验原理

平行光束是开始接触光学知识就要熟悉的，其光线踪迹简单，便于学习和进行分析。实验中所涉及透镜主要是凸透镜，具有使光线会聚的作用。

1. 平凸透镜光线追迹

采用几何光学光线追迹方法，计算平行光线通过透镜的传输。系统参数如图 4.3 所示，R 为透镜凸面的曲率半径，h 为入射光线的高度，θ_1 为入射光线与出射面法线的夹角，θ_2 为出射光线与法线的夹角，n 为透镜材料的折射率。设透镜的中心厚度为 d，则入射光线经过透镜的实际厚度为

$$L=\sqrt{R^2-h^2}-(R-d) \tag{4.5}$$

光线的入射角为

$$\sin\theta_1=h/R \tag{4.6}$$

折射角度满足

$$\sin\theta_2=n\sin\theta_1 \tag{4.7}$$

而实际的光束偏折角度为 $\theta_1-\theta_2$。

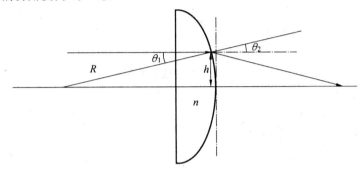

图 4.3　平凸透镜光路参数图

2. 平面波通过透镜后在焦面上衍射的数值计算

为了计算焦面上光强分布和光斑的大小，必须采用波动理论，利用基尔霍夫-菲涅耳衍射积分公式进行计算，即

$$E(x,y,z)=-\frac{\mathrm{j}}{2x}\iint_{\Sigma}\mathrm{e}^{\mathrm{j}k[(n-1)\sqrt{R^2-(x^2+y^2)}+d]}\mathrm{e}^{\mathrm{j}kr}\frac{(1+\cos\theta)}{r}\mathrm{d}s' \tag{4.8}$$

式中 $(n-1)\sqrt{R^2-(x^2+y^2)}+d$ 为光束经过透镜入射端面到透镜出射顶点平面之间的实际光程差。需要说明的是，光场在透镜中的传输将被等效为薄透镜，即光场在透镜中传输时，振幅沿径向并不发生明显变化，只是相位受到调制。这就是薄透镜近似，但对厚透镜和短焦距的透镜误差会大一些，需要做更精确的处理。

四、仿真程序及结果

1. 平凸透镜光线追迹

根据式(4.5)～(4.7)所述关系，可以用计算机仿真计算光线经过平凸透镜的轨迹。透镜的材料为 K9 玻璃，对 1 064 nm 波长的折射率为 1.506 2，镜片中心厚度为 3 mm，凸面曲率半径设为 100 mm，初始光线距离透镜平面为 20 mm。光线追迹的结果如图 4.4 所示。

仿真程序代码如下：

```
%平凸透镜光线追迹
clear;
clc;
clear all;
n=1.5062;              %1064nm 波长折射率，K9 玻璃
d=3;                   %透镜中心厚度
R=0.1e3;               %透镜凸面曲率半径
```

```
Dr=sqrt(R^2-(R-d)^2);    %透镜尺寸(最大半径)
mh=20;
if Dr>10
hmax=10;
else
hmax=Dr;
end
h0=linspace(-hmax,hmax,mh);
mz=1000;
z0=20;                    %初始光线与透镜平面的距离
y=zeros(size(z0));
theta1=asin(hmax/R);
theta2=asin(n*hmax/R);
theta=theta2-theta1;
f=hmax/tan(theta);        %透镜的近似焦距
z=linspace(0,f+z0+f/3,mz);
figure;
for gh=1:mh
theta1=asin(h0(gh)/R);
theta2=asin(n*h0(gh)/R);
theta=theta2-theta1;
for gz=1:mz
L=sqrt(R^2-h0(gh)^2)-(R-d);
if z(gz)<=L+z0
y(gz)=h0(gh);
else
y(gz)=y(gz-1)-(z(gz)-z(gz-1))*tan(theta);
end
end
plot(z,y,'k');%绘图
hold on;
end
title(['透镜焦距应该为:',num2str(f),'mm'])
```

2. 平面波通过透镜后在焦面上衍射的仿真程序及结果

本仿真计算半径为 1 mm 的平面波，经过凸面曲率半径为 25 mm、中心厚度为 3 mm 的平凸透镜后在几何焦平面上的聚焦光斑强度分布。

仿真程序代码如下：

```
%平面波透镜焦面衍射数值计算
clear;
```

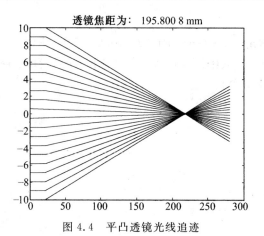

图 4.4 平凸透镜光线追迹

```
clc;
tic;
n=1.5062;           %1064nm 波长折射率,k9 玻璃
d=3;                %透镜中心厚度
RL=0.025e3;         %透镜凸面曲率半径
f=RL/(n-1);         %透镜的焦距
R0=1;               %入射光束半径
lambda=1.064e-3;k=2*pi/lambda;phy=lambda/pi/R0;
z=f;
mr2=41;ne2=51;mr0=81;
while sqrt(R0^2+z^2)-sqrt(R0^2*(1-1/mr0)^2+z^2)>lambda/10
mr0=mr0+1;
end
ne0=mr0;
rmax=5*f*phy;
r=linspace(0,rmax,mr2);
eta=linspace(0,2*pi,ne2);
[rho,theta]=meshgrid(r,eta);
[x,y]=pol2cart(theta,rho);
r0=linspace(0,R0,mr0);
eta0=linspace(0,2*pi*(ne0-1),ne0-1);
[rho0,theta0]=meshgrid(r0,eta0);
[x0,y0]=pol2cart(theta0,rho0);
deta=R0/(mr0-1)*2*pi/(ne0-1);
E2=zeros(size(x));
for gk=1:ne2
for df=1:mr2
Rrho=sqrt((x(gk,df)-x0).^2+(y(gk,df)-y0).^2+z^2);
```

```
Rtheta=z./Rrho;
opd=exp(j*k*((n-1)*(sqrt(RL^2-rho0.^2)-(RL-d))+d));
Ep=-j/lambda/2*exp(Rrho*j*k).*(1+Rtheta)./Rrho*deta.*rho0.*opd;
E2(gk,df)=sum(Ep(:));
end
end
Ie=conj(E2).*E2;
%Ie=Ie/max(Ie(:));
figure;
surf(x,y,Ie);            %绘制三维表面图
shading interp;
axis([-rmax,rmax,-rmax,rmax])
grid off;
box on;
toc;
```

仿真结果如图 4.5 所示。通过该图,可以看出聚焦光斑半径大约为 0.02 mm。

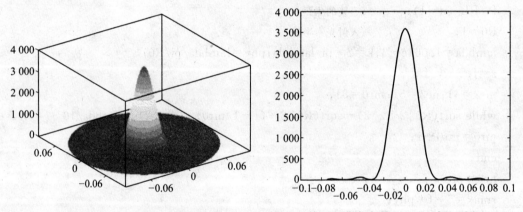

图 4.5 平面波通过透镜的聚焦(入射光斑半径 1 mm,平凸透镜凸面曲率半径 25 mm,中心厚度 3 mm)

五、问题与思考

1. 当透镜的焦距减小时(例如,透镜凸面曲率半径为 15 mm),聚焦光斑大小如何变化?
2. 聚焦光斑的强度分布与小孔远场衍射有何关系?
3. 当平面波的波前存在畸变,或者由于透镜本身存在像差的时候,聚焦光斑的形状也将会发生变化吗?如果发生变化,将如何改变?

实验三十二 激光高斯光束通过透镜的聚焦

一、实验目的

熟练使用 Matlab 软件对高斯光束通过透镜聚焦进行仿真。

二、实验器材

装有 Matlab 软件的电脑。

三、实验原理及程序

高斯光束经光学系统之后束腰之间的变换为本实验将要讨论的高斯光束的聚焦问题。在这里研究的是基模高斯光束的聚焦,下面为相关的计算公式。

首先,可以推导出

$$Z_2 = f - \frac{f^3(f-Z_1)}{(f-Z_1)^2 + \left(\frac{b_1}{2}\right)^3} \tag{4.9}$$

式中 Z_1、Z_2 为束腰到透镜的距离,$b_1 = \frac{2\pi\omega_{10}^2}{\lambda} = 2\frac{\omega_{10}}{\theta_1}$ 为变换前基模激光束的变焦参数,ω_{10} 为变换前基模激光束的束腰半径,θ_1 为变换前基模激光束的发散角。变换后基模激光束的共焦参数、束腰半径分别为

$$b_2 = \frac{b_1 f^2}{(f-Z_1)^2 + \left(\frac{b_1}{2}\right)^2} \tag{4.10}$$

$$\omega_{20} = \left(\frac{\lambda b_2}{2\pi}\right)^{1/2} = \left(\frac{\lambda}{2\pi}\right)^{1/2} \cdot \left[\frac{b_1}{(f-Z_1)^2 + \left(\frac{b_1}{2}\right)^2}\right]^{1/2} \cdot f \tag{4.11}$$

从上述公式可以看出,在讨论激光束的聚焦问题时,共焦参数 b 是一个十分重要的参数。共焦参数 b 是产生该激光束的等效共焦腔腔长;同时,它又是描写这样一个光束传播距离即在该距离 b 内光束的光斑尺寸不大于束腰光斑尺寸的 $\sqrt{2}$ 倍,因而共焦参数又称为聚焦深度;同时,共焦参数又和束腰光斑尺寸的平方成正比。

高斯光束与平面波不同的是高斯光束是衍射自洽的,不会像平面波那样会在衍射中心外围还存在衍射环。当然,这是理想条件下的结论,如果高斯光束的边缘被截断,也可能会在外围出现衍射环。因此,初始场的积分范围应该包括整个高斯光束,至少不小于 3 倍高斯光束的有效半径。

四、仿真程序及结果

本实验仿真焦距不同平凸透镜对 1 mm 半径高斯光束的聚焦衍射光强分布。

仿真程序如下:

```
% 高斯光束透镜焦面衍射数值计算
clear;
clc;
tic;
n=1.5062;              %1064nm 波长折射率,K9 玻璃
d=3;                   %透镜中心厚度
RL=0.025e3;            %透镜凸面曲率半径
```

```
f=RL/(n-1);              %透镜的焦距
R0=1;                    %入射光束半径
lambda=1.064e-3;         %入射光束波长
k=2*pi/lambda;
phy=lambda/pi/R0;
z=f;
mr2=51;
ne2=61;
mr0=81;
while sqrt(R0^2+z^2)-sqrt(R0^2*(1-1/mr0)^2+z^2)>lambda/20
mr0=mr0+1;
end
ne0=mr0;
rmax=5*f*phy;
r=linspace(0,rmax,mr2);
eta=linspace(0,2*pi,ne2);
[rho,theta]=meshgrid(r,eta);
[x,y]=pol2cart(theta,rho);
r0=linspace(0,3*R0,mr0);
eta0=linspace(0,2*pi*(ne0-1),ne0-1);
[rho0,theta0]=meshgrid(r0,eta0);
[x0,y0]=pol2cart(theta0,rho0);
deta=3*R0/(mr0-1)*2*pi/(ne0-1);
E2=zeros(size(x));
E1=exp(-(x0.^2+y0.^2)/R0^2);
for gk=1:ne2
for df=1:mr2
Rrho=sqrt((x(gk,df)-x0).^2+(y(gk,df)-y0).^2+z^2);
Rtheta=z./Rrho;
opd=exp(j*k*((n-1)*(sqrt(RL^2-rho0.^2)-(RL-d))+d));
Ep=-j/lambda/2*exp(Rrho*j*k).*(1+Rtheta)./Rrho*deta.*rho0.*opd.*E1;
E2(gk,df)=sum(Ep(:));
end
end
Ie=conj(E2).*E2;
%绘制图形
figure;
surf(x,y,Ie);
shading interp;
```

```
grid off;
box on;
toc;
```

实验结果如图 4.6 所示。

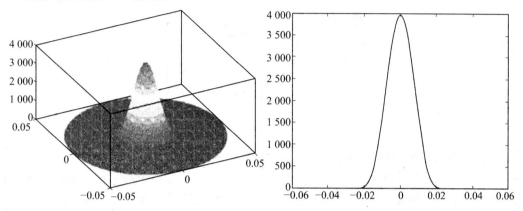

图 4.6　平凸透镜凸面曲率半径 15 mm,中心厚度 3 mm

五、问题与思考

1. 当透镜的焦距变化时,聚焦光斑大小如何变化?

2. 高斯光束的波前存在畸变,或者由于透镜本身存在像差的时候,聚焦光斑的形状也将会发生变化吗? 如果变化,如何改变?

实验三十三　迈克尔逊干涉仿真实验

一、实验目的

1. 掌握迈克尔逊干涉的原理。
2. 熟练使用 Matlab 软件对迈克尔逊干涉进行仿真。

二、实验器材

装有 Matlab 软件的电脑。

三、实验原理

图 4.7 所示是迈克尔逊干涉仪的光路原理图。光源上一点发出的光线射到分光镜 K 上被分成两部分光线"1"和光线"2"。光线"2"射到 M_2 上被反射回来后,透过 G_1 到达 E 处;光线"1"透过 G_2 射到 M_1,被 M_1 反射回来后再透过 G_2 射到 K 上,反射到达 E 处。这两条光线是由一条光线分出来的,因此是相干光。光线"1"也可看做是从 M_1 在分光镜中的虚像 M_1' 反射来的,对于光的传播性质来说,M_1' 与 M_1 是等效的。调整迈克尔逊干涉仪,使之产生的干涉现象可以等效为 M_1' 与 M_2 之间的空气薄膜产生的薄膜干涉。

用凸透镜会聚的激光束是一个很好的点光源,它向空间发射球面波,从 M_1 和 M_2 反射

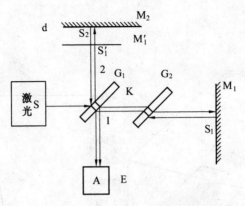

图 4.7 迈克尔逊干涉仪原理图

后可以看成由两个光源 S_1' 和 S_2 发出的，S_1 或 S_2 至屏的距离分别为点光源 S 从 G_1 和 M_1（或 M_2 和 G_1）反射至屏的光程，S_1' 和 S_2 的距离为 M_1' 和 M_2 之间距离 d 的二倍，即 $2d$。虚光源 S_1' 和 S_2 发出的球面波在它们相遇的空间处处相干，这种干涉是非定域干涉。如果把屏垂直于 S_1' 和 S_2 的连线位置，则可以看到一组同心圆，圆心就是 S_1' 和 S_2 连线与屏的交点。如图 4.7 所示，由 $S_1'S_2$ 到屏上的任一点 A，两光线的程差 L 可得

$$L = 2d\cos\delta \tag{4.12}$$

由式(4.12)可知

(1) 当 $\delta = 0$ 时程差最大，即圆心 E 点所对应的干涉级别最高。

当移动 $M_1 M_2$ 的距离 d 增大时，圆心干涉级数越来越高，可以看到圆条纹一个一个从中心"冒出"来，反之当 d 减少时，圆条纹一个一个地向中心"缩进"去。每当"冒出"或"缩进"一条条纹时，d 就增加或减少 $\lambda/2$，所以测出"冒出"或"缩进"的条纹数 ΔN，由已知波长 λ 就可求得 M_1 移动的距离，这就是利用干涉测长法；反之，若已知 M_1 移动的距离，则就可求得波长，它们的关系为

$$\Delta d = \Delta N \lambda / 2 \tag{4.13}$$

式(4.13)中的 d 增大时，程差 L 每改变一个波长 λ 所需的 δ 的变化值减小，即两亮环（或两暗环）之间的间隔减小，看上去条纹变细变密。反之 d 减小时，条纹变粗变稀。迈克尔逊干涉仪的干涉也属于分振幅干涉，其干涉图样是一种等倾干涉的光强分布，即

$$I = I_0 \cos^2\{2\pi d \cos[\arctan(r/f)]/\lambda\} \tag{4.14}$$

式中 f 为屏幕前透镜的焦距，$r = \sqrt{x^2 + y^2}$。

四、仿真程序及结果

本实验中参数选为 $f = 100$ mm，$\lambda = 0.0004522$ mm，x、y 的取值范围为 $[-6, 6]$。依照牛顿环中的程序很容易获得迈克尔逊干涉的光强分布。在仿真模拟程序设计中，利用循环结构改变 d 的数值，动态地显示干涉实验的结果，d 的变化范围$(0.39 \pm 0.00005 \times k)$ mm，$k = 0 \sim 15$。

仿真程序代码如下：

```
clear;
xmax=6.0;ymax=6.0;
Lamd=452.2e-006;f=100;d=0.26;
```

```
n=1.0;
N=150;
x=linspace(-xmax,xmax,N);
y=linspace(-ymax,ymax,N);
for i=1:N
    for j=1:N
        r(i,j)=sqrt(x(i)*x(i)+y(i)*y(i));
        B(i,j)=cos(2*pi*d*cos(atan(r(i,j)/f))/Lamd).^2;
    end
end
M=255;
Br=2.5*B*M;
image(x,y,Br);
    colormap(gray(M));
```

实验结果如图 4.8 所示,从图中可以看出随着 d 的增加,干涉环从中心向外"冒出"来,随着 d 的减小,干涉环向中心"缩进"去。

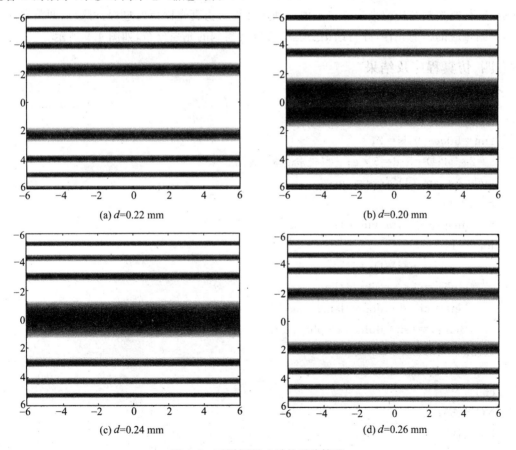

图 4.8　不同间距 d 时的干涉情况

实验三十四　光栅衍射

一、实验目的

1. 掌握光栅衍射的原理。
2. 熟练使用 Matlab 软件对光栅衍射进行仿真。

二、实验器材

装有 Matlab 软件的电脑。

三、实验原理

光栅衍射是波动光学的重要内容,涉及单缝衍射和多缝干涉两方面的知识,是干涉和衍射两种效应的叠加。光栅衍射条纹受到光栅总缝数、入射光波长、缝宽、光栅常数、透镜到衍射屏的距离和入射角等多种因素的影响,造成谱线特性变化丰富。通常的光栅衍射实验由于参数的改变和调节比较困难,难以充分展示谱线的全部特性,加上需要特定的实验仪器和实验场所,给教学与研究带来许多不便。利用计算机仿真光栅衍射过程,可随意调节实验参数,得到相应的衍射花样,并且绘出实验中难以观察到的光强分布,如图 4.9 所示。

四、仿真程序及结果

仿真程序代码如下:
```
clear;
lam=500e-9;N=2;
a=2e-4;D=5;d=5*a;    %设定试验参数%
ym=2*lam*D/a;xs=ym;
n=1001;
ys=linspace(-ym,ym,n);
for i=1:n
    sinphi=ys(i)/D;
    alpha=pi*a*sinphi/lam;
    beta=pi*d*sinphi/lam;
    B(i,:)=(sin(alpha)./alpha).^2.*(sin(N*beta)./sin(beta)).^2;
%光栅衍射的光强分布公式
    B1=B/max(B);
end
NC=255;
Br=(B/max(B))*NC;
%绘制图形
subplot(1,2,1)
```

```
image(xs,ys,Br);
colormap(gray(NC));
subplot(1,2,2)
plot(B1,ys);
```
仿真结果如图 4.9 所示。

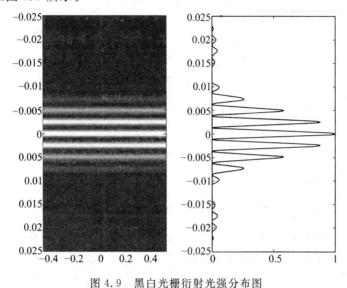

图 4.9　黑白光栅衍射光强分布图

实验三十五　全息透镜的设计

一、实验目的

1. 掌握全息透镜的原理。
2. 熟练使用 Matlab 软件对全息透镜进行仿真。

二、实验器材

装有 Matlab 软件的电脑。

三、实验原理

全息光学元件是用干涉法制成的一种薄膜光学元件,不但具有良好的成像性质,而且具有普通光学元件所达不到的光学性能。由于其加工制作上具有灵活性高、重量轻、造价低、易于分割等特点,正越来越受到关注,成为传统光学元件的有益补充及强有力的竞争对象。

【理论分析】

以球面波为载波记录全息透镜具有普遍性,并且球面波比平面波具有更多的参数可供选择和调节,易于满足设计要求。因此,在此应用一种以球面波为载波的计算全息透镜分析设计方法。设在全息图平面上物光、参考光的复振幅分别为

$$O(x,y)=O_0(x,y)\exp\{j\varphi_0(x,y)\}$$

$$R(x,y)=R_0(x,y)\exp\{j\varphi_R(x,y)\} \tag{4.15}$$

式中 $\varphi_0(x,y)$ 和 $\varphi_R(x,y)$ 分别为物光、参考光在全息图平面上的位相分布。全息图的透过率函数为

$$l_H=(O+R)(O^*+R^*)=O_0^2+R_0^2+2O_0R_0\cos(\varphi_0-\varphi_R) \tag{4.16}$$

位相分布用相对于原点处光线的位相差表示,如图 4.10 所示。

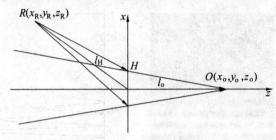

图 4.10 全息透镜的记录

由图 4.10 可以看出

$$\varphi_R(x,y)=\frac{2\pi}{\lambda}\{[(x-x_R)^2+(y-y_R)^2+z_R^2]^{1/2}-(x_R^2+y_R^2+z_R^2)^{1/2}\} \tag{4.17}$$

令 $x_R^2+y_R^2+z_R^2=l_R^2$ 代入式(4.17)中,在 $l_R^2\ll 1$ 的条件下,用二项式定理展开,在菲涅耳近似的条件下,忽略 $1/l_R^2$ 以上的高次项可得

$$\varphi_R(x,y)=-\frac{\pi}{\lambda l_R}[x^2+y^2-2(xx_R+yy_R)] \tag{4.18}$$

同理可得

$$\varphi_0(x,y)=-\frac{\pi}{\lambda l_0}[x^2+y^2-2(xx_0+yy_0)] \tag{4.19}$$

全息图引入的位相,即

$$\varphi_H=\varphi_0-\varphi_R \tag{4.20}$$

将式(4.18)~(4.20)直接代入式(4.16)可得到透过率函数 $l_H(x,y)$,以及 $l_H(x,y)$ 代表全息透镜上点 (x,y) 的灰度,采用二元编码方法,即可得二元全息透镜。

另外,由理论分析可知高级次衍射波比低级次衍射波占据更大的空间范围,为了使再现时一级衍射波与其他高级次衍射波分开,应合理选择载波参数 x_R,y_R 和 z_R,经推导球面波载波需满足的条件是

$$-\frac{x_R}{l_R}=2\frac{D}{uf'} \tag{4.21}$$

式中 D 为全息透镜的孔径;f' 为全息透镜的焦距;$u=\lambda/\lambda_0$,λ 为再现波长,λ_0 为记录波长。全息透镜的焦距与记录点的位置相对于坐标原点的距离有关,即

$$\frac{1}{f'}=\frac{\lambda_0}{\lambda}\left(\frac{1}{l_0}-\frac{1}{l_R}\right) \tag{4.22}$$

四、仿真程序及结果

仿真程序如下:

```
x=linspace(-0.0023,0.0023,500);
```

y=linspace(-0.0023,0.0023,500);
[xx,yy]=meshgrid(x,y);
xr=0.1;yr=0;zr=0.1;   % R 点位置
x0=0;y0=0;z0=0.5;   %0 点位置
Lr=sqrt(xr^2+yr^2+zr^2);
L0=sqrt(x0^2+y0^2+z0^2);
Fir=-pi/(0.6328*(10^-5)*Lr)*[xx.^2+yy.^2-2*(xx.*xr+yy.*yr)];
Fi0=-pi/(0.6328*(10^-5)*L0)*[xx.^2+yy.^2-2*(xx.*x0+yy.*y0)];
zz=0.5+0.5*[cos(Fi0-Fir)];   %全息透镜的透过率函数
I=zz;
J=mat2gray(I);
imshow(J)   %显示图形

仿真结果如图 4.11 所示。

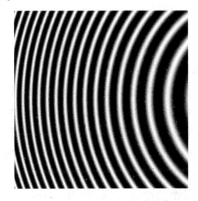

图 4.11　输出全息透镜图像

五、问题与思考题

如何设计普通透镜？

实验三十六　傅里叶变换与空间滤波

一、实验目的

1. 掌握傅里叶变换与空间滤波的原理。
2. 熟练使用 Matlab 软件对傅里叶变换与空间滤波进行仿真。

二、实验器材

装有 Matlab 软件的电脑。

三、傅里叶变换

1. 实验原理

傅里叶变换是现代光学中的一个分支，它利用光学方法实现二维函数的傅里叶变换。用傅里叶分析方法和线性系统理论来描写成像系统，收集或传递光学信息的现象，是人们研究光学不再局限于空域，而像电子通信理论一样在频率域中描述和处理光学信息。傅里叶分析方法早在 19 世纪末 20 世纪初便成功地应用于光学领域，具有代表性的是阿贝关于显微镜的二次成像理论和阿贝-波特（空间滤波）实验。傅里叶光学早期的卓越成就是 20 世纪 30 年代泽尼克发明的相衬显微镜。20 世纪 60 年代激光器的发明使人们获得了相干性极好的新光源，从而使基于傅里叶光学理论的信息光学得以迅速发展起来并成为光学中的一门新兴的前沿科学。目前，光学计算全息及其显示、光学信息处理等已经在光学工程、工业、农业、医药卫生和科学研究等许多领域得到广泛应用。傅里叶光学已经成为现代光学中具有广泛影响的新分支。

在傅里叶变换光学中，我们知道夫琅和费衍射场的强度分布就等于屏函数的功率谱，因此可以直接将光屏进行傅里叶变换，再处理得到衍射图样。

物体图像的生成可以直接由矩阵运算生成，也可利用 Windows 下的画图工具，生成一幅黑白图像，并调用命令函数 imread() 输入图像，输入的图像是一个巨大的二维矩阵，利用 Matlab 函数库中的 fft2() 命令对该矩阵进行二维离散傅里叶变换得到图像的频谱。该频谱是一个复数矩阵，然后用取模函数 abs() 对该复数矩阵取模，得到振幅谱矩阵；再利用函数 fftshift() 对取模后的矩阵进行频谱位移，这是因为变换后的二维矩阵的直流分量位于图像的周边角，该函数变换矩阵的第 1、3 象限和第 2、4 象限，使直流分量移到频谱中心，从而使 FFT 频谱可视效果与实际图像相结合，最后利用 imshow() 函数将图像显示出来。

2. 仿真程序及结果

仿真程序如下：

```
clear
a=imread('D:\2.jpg');
grid on
figure(1)
imshow(a,[])
afft=fft2(a);              %二维离散傅里叶变换%
aabs=abs(afft);            %对复数矩阵取模,得到振幅谱矩阵%
aabss=fftshift(aabs);      %振幅谱矩阵进行频谱位移%
figure(2)                  %显示傅里叶变换后的图像%
imshow(aabss,[])
colormap(gray);
colorbar
figure(3)                  %显示图像的振幅谱%
plot(aabss)
```

```
colormap(gray);
figure(4)                    %进行频谱位移后的图形%
meshc(aabss)
maxx1=max(max(aabss));
```

仿真结果如图 4.12 和图 4.13 所示,分别为三角孔和矩形孔的衍射图样和光强分布。

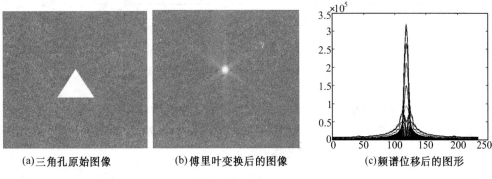

(a)三角孔原始图像   (b)傅里叶变换后的图像   (c)频谱位移后的图形

图 4.12 三角孔衍射的光强分布

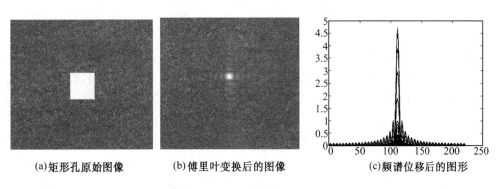

(a)矩形孔原始图像   (b)傅里叶变换后的图像   (c)频谱位移后的图形

图 4.13 矩孔衍射的光强分布

四、空间频率滤波

1. 光学成像及空间滤波

根据阿贝成像原理,相干光学成像过程可分成两步:第一步称为分频过程,即从物平面到光源的共轭像平面,由输入的物作为衍射屏对照射光波产生夫琅和费衍射;第二步称为合频率或频谱综合过程,即从频谱面到输入物的共轭像平面,被分解的频谱成分经进一步的衍射后再次叠加形成输入物的共轭像1,按照傅里叶变换理论,两步成像过程实际上是光学系统对携带输入物信息的二维光场的复振幅分布进行的两次傅里叶变换过程。

以图 4.14 所示 4-f 成像系统为例,此时输入平面 O(即物平面)位于透镜 L_1 的前焦平面,输出平面 I(即像平面)位于透镜 L_2 的后焦平面,透镜 L_1 和 L_2 分别起分频(傅里叶变换)和合频(傅里叶逆变换)作用。设输入图像的复振幅分布为 $g(x,y)$,透镜 L_1 的后焦平面 T(即频谱面)上的复振幅分布 $G(\xi,\eta)$,按照傅里叶光学理论,当 L_1 的孔径无限大时,函数 $G(\xi,\eta)$ 即等于 $g(x,y)$ 的傅里叶变换,而 $g(x,y)$ 为 $G(\xi,\eta)$ 的傅里叶逆变换,即

$$G(u,v) = \int_{-\infty}^{+\infty}\int_{-\infty}^{+\infty} g(x,y)\exp[-\mathrm{j}2\pi(ux+vy)]\mathrm{d}x\mathrm{d}y \qquad (4.23)$$

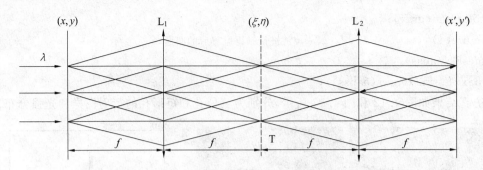

图 4.14　4f 相干光学图像处理系统

$$g(x,y)=\int_{-\infty}^{+\infty}\int_{-\infty}^{+\infty}G(\xi,\eta)\exp[j2\pi(ux+vy)]dudv \tag{4.24}$$

式中，$u=\xi/\lambda f, v=\eta/\lambda f$，表示光场 $G(\xi,\eta)$ 的空间频率。

设 $g'(x',y')$ 为透镜 L_2 的后焦平面Ⅰ(输出平面)上的复振幅分布，同样，当 L_2 的孔径无限大时，$g'(x',y')$ 就等于 $G(\xi,\eta)$ 的傅里叶变换

$$g'(x',y')=\int_{-\infty}^{+\infty}\int_{-\infty}^{+\infty}G(\xi,\eta)\exp[-j2\pi(ux'+vy')]dudv \tag{4.25}$$

将式(4.23)代入式(4.25)可得

$$g'(x',y')\propto g(-x,-y) \tag{4.26}$$

即输出图像是输入图像的倒置，且在几何上相似。

现如果在频谱平面 T 上插入一衍射屏，并设其复振幅透射率函数 $T(\xi,\eta)$，则透过衍射屏的光场复振幅分布为

$$G'(\xi,\eta)=G(\xi,\eta)T(\xi,\eta) \tag{4.27}$$

经过透镜 L_2 变换后，在像平面上便得到经过衍射屏调制后的输出图像的光场复振幅分布

$$g'(x',y')=F^{-1}\{G'(\xi,\eta)\}=F^{-1}\{G(\xi,\eta)\}*F^{-1}\{T(\xi,\eta)\} \tag{4.28}$$

这种用于调制图像频谱分布的衍射屏通常称为空间滤波器。在相干光学处理系统中，空间滤波器的复振幅透射函数一般可表示为

$$T(u,v)=A(u,v)\exp[j\varphi(u,v)] \tag{4.29}$$

式中函数 $A(u,v)$ 和 $\exp[j\varphi(u,v)]$ 分别称为空间滤波器的振幅和相位透射率。

2.仿真程序及结果

本文以一数值矩阵表示一幅二维的图像，成像仿真过程是对数值矩阵的处理过程，为了使仿真过程形象生动，设计以交互性的界面。步骤如下：

首先捕获一幅图像(可以网上下载，计算机系统上专用画图工具或相机拍摄)，然后用 imread('filename')读取图像数据，利用 Matlab 函数库中的 fft2()命令对该矩阵进行二维离散傅里叶变换，得到图像的频谱，该频谱是一个复数矩阵，然后用取模函数 abs()对该复数矩阵取模，得到振幅矩阵，利用函数 fftshift()对取模后的矩阵进行频谱位移，这是因为变换后的二维矩阵的直流分量位于图像的周边角，该函数变换矩阵的第 1、3 象限和第 2、4 象限，使直流分量移到频谱中心，从而使 FFT 频谱可视效果与实际图像相吻合，最后进行傅里叶逆变换 ifft2 操作，利用 imshow()函数将图像显示出来。

仿真程序如下：

clear

```
a=imread('D:\tu.bmp');          %读取图片信息
figure(1)
imshow(a,[])
afft=fft2(a);                    %二维离散傅里叶变换
aa=ifft2(fftshift(afft));        %先对图像的频谱取模,再进行频谱位移,最后进行傅里叶逆变换
figure(2)
inshow(aa,[])
```

仿真结果如图 4.15 所示,分别为矩形孔、十字形孔、月牙孔和字体孔及对应的像。

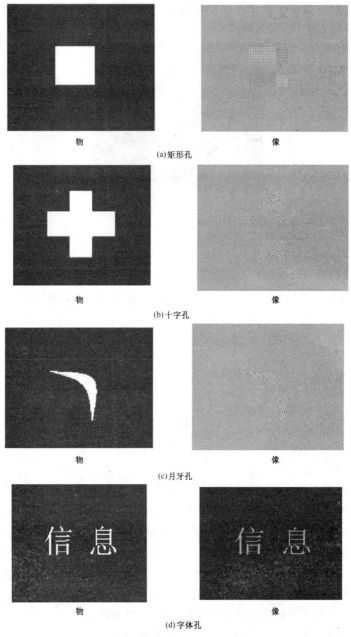

图 4.15 傅里叶变换实例对比

Matlab 的图形用户接口为仿真窗口的建立提供了极大地方便。运行 guide 后,可直接利用图形控件进行界面的设计,并通过图形化编程语言来控制程序的运行。按 4-f 系统成像过程,界面应包含物图像、物频谱、空间滤波器、过滤后的频谱、最后成像的显示、滤波类型的选择和滤波窗口的设置功能。适当布置控件的位置(如图 4.14 所示)并命名,然后进行代码编写。运行仿真程序,界面显示了从物、谱、滤波器、过滤后频谱到像的 5 个过程,突出了实验效果。演示时可选择低通或高通滤波,确定窗口的方式后,调节窗口范围,结果图像的清晰度随着窗口范围的变化而变化;在同样大小的窗口下,选择不同的滤波窗口,也会得到不同的效果,如图 4.16 所示(对十字孔滤波处理)分别演示了用低通 Hamming 窗口和高通余弦窗口的滤波结果,通过这些交互操作表现了现象的变化规律;像只与成像前的空间频谱有关,要得到某些特定的信息,关键是要设计合理的滤波器。

图 4.16 滤波后的结果

仿真程序如下:
a=imread('D:\1.bmp');
Hd=zeros(11,11);Hd(1:6,1:6)=1;
h=fwind1(Hd,hamming(21));   %低通 Hamming 窗口,并设置窗口大小
figure(1)
imshow(a,[])
afft=fft2(a);
bb=fftshift(afft);
cc=ifft2(bb);
dd=conv2(cc,h);   %对矩阵 cc,h 进行卷积运算,即低通滤波
imshow(dd)

3. 空间滤波器

在光学信息处理系统中,空间滤波器是位于空间频率平面上的一种吸收膜片,它可以减弱或去掉某些空间频率成分,改变输入信息的空间频谱,从而实现对输入信息的某种变换,得到我们所希望的改变了的像函数。这种对图像做处理的方法称之为空间滤波。

根据透过率函数的性质,空间滤波器可以分为以下几种:

(1)振幅滤波器。这种滤波器仅改变各频谱成分的相对振幅分布,而不改变其相位分布,通常是使感光片上的透过率变化在正比于函数 $A(\xi,\eta)$,从而使光场的振幅得到改变。为了做到这一点,必须按一定的函数分布来控制底片的曝光量分布。

二元振幅滤波器是常用的振幅滤波器,其复振幅透过率是 0 或 1。由二元振幅滤波器所作用的区间又可以细分为如图 4.17 所示的 4 种类型。

(a) 低通滤波器　　(b) 高通滤波器　　(c) 带通滤波器　　(d) 方向滤波器(一)　　(e) 方向滤波器(二)

图 4.17　4 种二元振幅滤波器

① 低通滤波器，它只允许位于频谱面中心及其附近的低通分量通过，去掉频谱面上离光轴较远的高频成分从而滤掉高频噪声，由于仅保留了离轴较近的低频成分，因而图像细结构消失，如图 4.17(a) 所示。

② 高通滤波器，它阻挡低频分量而允许高频成分通过，可以实现图像的衬度反转或边缘增强，所以图像轮廓明显。若把高通滤波器的挡光屏变小，仅滤去零频成分，则可除去图像中的背景，提高图像质量，如图 4.17(b) 所示。

③ 带通滤波器，它只允许特定空间的频谱通过，可以去除随机噪声，如图 4.17(c) 所示。

④ 方向滤波器，它仅通过(或阻挡)特定方向上的频谱分量，可以突出某些方向特性，如图 4.17(d)(e) 所示。

(2) 相位滤波器。它只改变空间频谱的相位，不改变它的振幅分布。由于不衰减入射光的能量，具有很高的光学效率。这种滤波器通常用真空镀膜的方法得到，但由于工艺方法的限制，要得到复杂的相位变化是很困难的。

(3) 复数滤波器。这种滤波器对各种频率成分的振幅和相位都同时起调制作用，滤波函数是复函数。它的应用很广泛，但难于制造。1963 年范德拉格特用全息方法综合出复数空间滤波器，1965 年罗曼和布劳恩用全息技术制作成复数滤波器，从而克服了制作空间滤波器的重大障碍。

4. 滤波器的制作

在空间滤波实验中，滤波器被放置在频谱面的位置上，对输入图像的频谱分布函数起调制作用。由于空间滤波器的形式多样，根据上面介绍的集中二元振幅滤波器的数学模型，我们采用以下的方法制作出相应的滤波器。

(1) 用 [m,n]＝size(f) 语句获得输入图像的大小。

(2) 设置滤波器的大小为 $m \times n$，令整个滤波器的透过率函数 $t(j,k)=0$ 或 1(低通时为 0，高通时为 1)。

(3) 运用 for...end 循环结构，将需要通光或挡光的区域的 $t(j,k)$ 赋为 1 或 0(低通时为 1，高通时为 0)。

(4) 调用 imshow(t) 显示滤波器的形状。

所制作的矩孔滤波器的通光孔大小可以通过参数 a,b 调节，圆孔滤波器的圆孔大小则可以由半径参数 R 控制。因此，本仿真实验有利于更直观地了解空间滤波的原理，研究各种空间滤波器的作用，也可以通过改变滤波器作用的频率区域，对输入图像进行各种处理。制作的正弦光栅，光栅低通滤波器(GOLF)被期望应用于数字成像装置中。

五、正弦光栅

任何一种衍射单元周期性地重复排列所形成的阵列,能对入射光的振幅和相位或二者之一产生空间调制,均称为衍射光栅。

正弦光栅是振幅透射率沿一个方向(如 x 轴方向),按余弦或正弦规律变化,而在与其垂直方向(y 轴方向)上振幅透射率不变的透射光栅,振幅透射率函数为:

$$t(x)=t_0+t_1\cos(2\pi fx) \tag{4.30}$$

式中 t_0 及 t_1 是初始常数,空间频率 $f=1/d$,d 是正弦光栅的周期。

单色平行光正入射,入射波前为 $\widetilde{E}_i=A$,设 $t_0=t_1=1$,则在紧靠光栅后平面上的透射波前

$$\widetilde{E}_i(x)=A[1+\cos(2\pi fx)]=A+A\left(\frac{e^{j2\pi fx}+e^{-j2\pi fx}}{2}\right) \tag{4.31}$$

显然,由式(4.31)看出,正弦光栅的衍射(图 4.18)只生成三级主极大,它们对应于三束平行光,一束沿入射方向传播,另外两束与原来方向的夹角为

$$\theta=\arcsin\left(\pm\frac{\lambda}{d}\right) \tag{4.32}$$

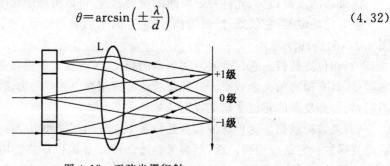

图 4.18 正弦光栅衍射

1. 正弦光栅的制作

将两束平行光的干涉条纹拍摄下来,底片是一块正弦光栅。如图 4.19 所示,利用强度相等的两束相干光的干涉场,获得的一系列平行的明暗相间的等间距干涉条纹。

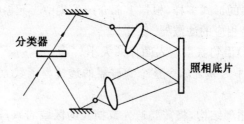

图 4.19 正弦光栅记录电路

这个底片实现如下程序(也可以通过双缝干涉图样备制):

```
clear all
xm=10*pi;ys=xm;
xs=linspace(-xm,xm,500);
B=cos(xs)+1;          %正弦光栅的干涉%
N=255;
```

Br=B/2*N;
image(xs,ys,Br);   %显示图形
colormap(gray(N));
获得的正弦光栅如图 4.20 所示。

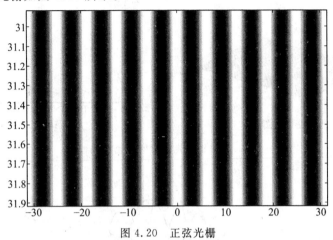

图 4.20　正弦光栅

2. 正弦光栅的模拟

用图 4.20 的图样作为相片底片，平行单色光照射后，得到如图 4.21 所示的衍射图。图 4.22 是理论分析结果。可以作一下对比，有一些偏差，试分析原因。

仿真程序如下：
```
a=imread('D:\filename');
grid on                    %设定网格线特征
afft=fft2(a);              %二维离散傅里叶变换
aabs=abs(afft);            %对复数矩阵取模,得到振幅谱矩阵
aabss=fftshift(aabs);      %振幅谱矩阵进行频谱位移
colormap(gray);
   figure(1)
meshc(aabss)               %绘制三维网格表面图与等高线
maxx1=max(max(aabss));
   figure(2)
   plot(aabss)             %绘制二维图形
```

根据傅里叶变换的卷积性质，两个函数卷积的傅里叶变换等于其各自傅里叶变换的乘积。由此可以给出图 4.23 所示空间滤波光学处理器的模拟系统略图。

按照图 4.23 可以通过下列方法进行空间滤波仿真：
(1)作输入图像 $g(x,y)$ 的傅里叶变换 $G(u,v)$。
(2)选择滤波器的滤波函数(复振幅透射率) $T(u,v)$。
(3)将输入图像的变换结果同滤波函数 $T(u,v)$ 相乘。
(4)对相乘结果作傅里叶变换得到输出像 $g(x',y')$。

输入图像是一个二维矩阵，调用 Matlab 数据分析和傅里叶变换函数库中的二维离散傅

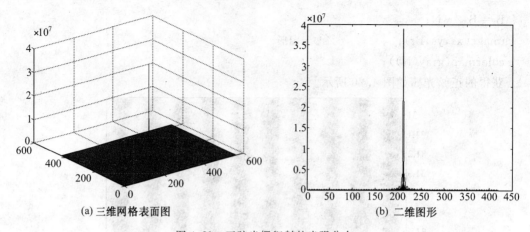

图 4.21　正弦光栅衍射的光强分布

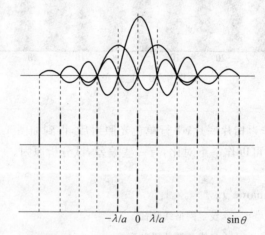

图 4.22　正弦光栅衍射理论分析情况

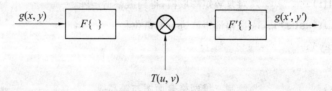

图 4.23　空间滤波光学处理器的模拟系统略图

里叶变换函数 fft2( )和逆变换函数 ifft2( ),对二维矩阵进行快速傅里叶变换,可得到包括振幅和相位两部分的复振幅分布函数。光学图像处理的频谱图样所显示的只是振幅(强度)分布,相应的相位信息被平方掉了,而仿真过程可将频谱分布中的相位信息保留并分离出来,从而有可能单独给出相位频谱图。另外,由函数 fft2( )实现的傅里叶变换频谱的直流分量位于图像的左上角,而由透镜实现的光学傅里叶变换的直流分量位于图像中心,因此为了得到模拟的光学傅里叶变换,需调用函数 fftshift( )将零频移到频谱中心。

六、问题与思考

为什么正弦光栅模拟得到的衍射图与理论分析结果有一些偏差?试分析原因。

实验三十七 图像的增强

一、实验目的

1. 掌握图像增强的基本原理,以及常用方法。
2. 熟悉使用 Matlab 软件编写 m 文件对图像进行锐化处理。

二、实验器材

装有 Matlab 软件的电脑一台。

三、实验原理

图像锐化通过增强图像中的纹理、边缘部分,使边缘和轮廓线模糊地图像变得清晰,使其细节也更加清晰,其中常用的图像锐化算法包括拉普拉斯(Laplacian)算法和 Wallis 算法。本实验只介绍使用拉普拉斯算子进行图像锐化。

拉普拉斯算子反映的是图像的二阶微商,定义为

$$\nabla^2 f = \frac{\partial^2 f}{\partial x^2} + \frac{\partial^2 f}{\partial y^2} \tag{4.33}$$

其中 f 为连续图像模型。

拉普拉斯算子具有各相同性和平移不变性,它对图像的点、线、边界提取效果很好,有时也称为边界提取算子。对数字图像而言,式(4.33)离散化为

$$\frac{\partial^2 f}{\partial x^2} = \frac{d[f(i,j) - f(i,j-1)]}{dx} = \frac{df(i,j)}{dx} - \frac{df(i,j-1)}{dx} =$$
$$[f(i,j+1) - f(i,j)] - [f(i,j) - f(i,j-1)] =$$
$$f(i+1,j) - 2f(i,j) + f(i-1,j) \tag{4.34}$$

类似地有

$$\frac{\partial^2 f}{\partial y^2} = f(i+1,j) - 2f(i,j) + f(i-1,j) \tag{4.35}$$

对应的 X 和 Y 方向上的卷积模板为

$$\begin{bmatrix} 0 & 0 & 0 \\ 1 & -2 & 1 \\ 0 & 0 & 0 \end{bmatrix} \qquad \begin{bmatrix} 0 & 1 & 0 \\ 1 & -2 & 1 \\ 0 & 1 & 0 \end{bmatrix}$$
$$X\text{ 方向} \qquad\qquad Y\text{ 方向}$$

把两个模板结合起来,并对它归一化,有

$$\frac{1}{4} \begin{bmatrix} 0 & 1 & 0 \\ 1 & -4 & 1 \\ 0 & 1 & 0 \end{bmatrix} \qquad \frac{1}{8} \begin{bmatrix} 1 & 1 & 1 \\ 1 & -2 & 1 \\ 1 & 1 & 1 \end{bmatrix}$$

若图像胶片颗粒扩散导致图像模糊的降质型为

$$g(x,y) \approx f(x,y) - \alpha \nabla^2 f(x,y) \tag{4.36}$$

式(4.36)表明不模糊图像等于已模糊图像减去它的拉氏运算结果的 α 倍。α 用于调节

锐化程度。拉普拉斯算子比较适用于因光线漫反射而造成的图像模糊。

将式(4.34)带入可得

$$g(i,j) \approx (1+4\alpha)f(i,j) - \alpha \sum_{(m,n) \in D_4} f(m,n)$$

对于八领域有

$$g(i,j) \approx (1+8\alpha)f(i,j) - \alpha \sum_{(m,n) \in D_8} f(m,n)$$

其卷积模板为

$$\begin{bmatrix} 0 & -\alpha & 0 \\ -\alpha & 1+4\alpha & -\alpha \\ 0 & -\alpha & 0 \end{bmatrix} \qquad \begin{bmatrix} -\alpha & -\alpha & -\alpha \\ -\alpha & 1+2\alpha & -\alpha \\ -\varepsilon & -\alpha & -\alpha \end{bmatrix}$$

四邻域　　　　　　　　八邻域

四、对图像进行拉普拉斯算子锐化实验的程序及仿真结果

仿真程序如下：

```
I=imread('car.jpg');                    %读入图像
h1=[0,-1,0;-1,5,-1;0,-1,0];             %创建一个四邻域滤波器
h2=[-1,-1,-1;-1,9,-1;-1,-1,-1];         %创建一个八邻域滤波器
%对I进行滤波
BW1=imfilter(I,h1);
BW2=imfilter(I,h2);
%显示图像
imshow(I);
title('原始图像');
figure,imshow(uint8(BW1));title('四邻域拉普拉斯锐化');
figure,imshow(uint8(BW2));title('八邻域拉普拉斯锐化');
%保存图像
imwrite(BW1,'cha4_30_21.bmp','bmp');
imwrite(BW2,'cha4_30_22.bmp','bmp');
```

实验结果如图4.24所示。

(a)原始图像　　　　　　(b)四邻域拉普拉斯锐化　　　　　　(c)八邻域拉普拉斯锐化

图4.24　图像进行拉普拉斯算子锐化

五、问题与思考

1. 图像增强的目的是什么，如何用 Sobel 算子对图像进行处理？
2. 如何对图像进行伪彩色处理？

实验三十八　图像的代数运算

一、实验目的

1. 掌握图像代数运算的基本原理，以及常用方法。
2. 熟练使用 Matlab 软件编写 m 文件对图像进行加减乘除运算。

二、实验器材

装有 Matlab 软件的电脑一台。

三、实验原理

图像的代数运算是对两幅或者两幅以上的输入图像进行加减乘除的四则运算，它在图像处理中有着广泛的应用。加法运算可以降低图像中的随机噪声（前提是图像的其他部分必须是不动的）；减法运算可以用来减去背景、运动检测、梯度幅度运算；乘法运算通常用来进行掩膜运算；除法运算可以用来归一化。各代数运算的形式为

$$C(x,y) = A(x,y) + B(x,y) \tag{4.37}$$

$$C(x,y) = A(x,y) - B(x,y) \tag{4.38}$$

$$C(x,y) = A(x,y) \times B(x,y) \tag{4.39}$$

$$C(x,y) = A(x,y) \div B(x,y) \tag{4.40}$$

其中 $C(x,y)$ 是输出图像，它是 $A(x,y)$ 和 $B(x,y)$ 两幅图像运算的结果。

1. 图像的加法运算

对于两个图像 $f(x,y)$ 和 $h(x,y)$ 的均值有

$$g(x,y) = \frac{1}{2}f(x,y) + \frac{1}{2}h(x,y)$$

推广这个公式为

$$g(x,y) = \alpha f(x,y) + \beta h(x,y)$$

其中 $\alpha + \beta = 1$，这样就可以得到各种图像的合成效果，也可以用于两张图片的衔接。

2. 图像的减法运算

图像的减法运算又称为减影技术。是指对一个在不同时间拍摄的图像或者在不同波段图像进行相减，主要作用如下：

(1) 取出不需要的叠加图案，例如指纹的提取；
(2) 运动检测；
(3) 求梯度图像获得图像的物体边界。

Matlab 中图像的减法运算用 imsubtract 和 imabsdiff 完成其语法格式如下：
$$Z=\mathrm{imsubtract}(A,B)$$
$$Z=\mathrm{imabsdiff}(A,B)$$

3. 图像的乘法运算

用于对图像进行掩膜运算，也就是屏蔽掉图像的某些部分，乘法函数通常需要指定放缩参数，如果大于 1 则增强图像的亮度，反之，减弱图像的亮度，其调用格式如下：
$$Z=\mathrm{immultiply}(A,B)$$

4. 图像的除法运算

除法运算可以用来对图像进行归一化，其调用函数格式如下：
$$Z=\mathrm{imdivide}(A,B)$$

四、实验的程序

1. 图像加减

```
I=imread('rice.png');              %读入图像 rice
J=imread('cameraman.tif');         %读入图像 cameraman
K=imadd(I,J,'uint16');             %I,J 相加,并把结果存为 16 位的形式
K0=imadd(I,J);                     %I,J 相加,并把结果存为 8 位的形式
K1=imsubtract(I,J)                 %I,J 相减,并把结果存为 8 位的形式
%显示图像
figure(1)
imshow(I);
title('rice 图像');
figure(2)
imshow(J);
title('cameraman 图像');
figure(3)
imshow(K,[]);
title('图像相加结果压缩到 0-255 范围之内');
figure(4)
imshow(K0);
title('图像相加');
figure(5)
imshow(K1);
title('图像相减');
```

2. 图像乘除

```
I=imread('rice.png');              %读入图像
J=immultiply(I,2);                 %图像与 2 相除
k=imdivide(I,2);                   %图像与 2 相乘
```

subplot(1,3,1),imshow(I);
title('原始图像');
subplot(1,3,2),imshow(J);
title('图像相乘');
subplot(1,3,3),imshow(k);
title('图像相除');

五、实验结果

1. 图像加减

图像加减如图 4.25 所示。

(a)rice图像

(b)cameraman图像

(c)图像相加结果

(d)图像相加

(e)图像相减

图 4.25 图像加减

2. 图像乘除

图像乘除如图 4.26 所示。

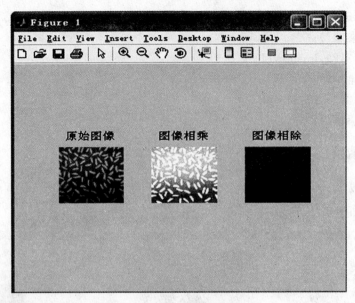

图 4.26　图像乘除

六、问题与思考

1. 在对图像做加减运算时,如果两幅图像大小不同可以进行运算吗?
2. 图像代数运算的条件有什么?

实验三十九　图像的识别

一、实验目的

1. 掌握图像识别的基本原理,以及常用方法。
2. 熟练使用 Matlab 软件编写 m 文件对汽车车牌号码进行识别。

二、实验器材

装有 Matlab 软件的电脑。

三、实验原理

1. 图像识别的过程

图像识别诞生于 20 世纪 20 年代,在 20 世纪 60 年代图像识别迅速发展成为一门科学。简单地说,图像识别就是把一种研究对象,根据它的某种特征进行识别并分类。图像识别的大致过程如下,可分为以下 4 个步骤。

(1) 信息获取。对被研究对象进行调查和了解,从中得到数据和教材,对图像识别来说,就是把图片、底片、文字图像等用光电扫描设备变化为电信号以备后续处理。

(2) 预处理部分。对数字图像而言,预处理就是图像增强和图像变化等技术对图像进行变换处理,提高图像的视觉效果,优化各种统计指标,为特征提取提供高质量的图像。

(3)特征提取。它的作用在于把调查了解得到的数据材料进行加工、整理、分析、归纳、去伪存真,去粗存精,提取出能反映事物本质的特征。当然,提取什么特征,保留多少特征与采用何种判决有很大的关系。

(4)决策分类。相当于人们从感性认识提高到理性认识而做出的结论的过程。这部分与特征提取的方式密切相关。它的复杂度也依赖于特征的提取方式。例如:类似度、相关性、最小距离等。

图像识别系统的基本框图如图4.27所示。

图4.27 图像识别系统的基本框图

2. 图像识别的基本算法

图像识别的基本算法包括3种代表性的方法:基于统计的图像识别、模糊图像识别和神经网络图像识别。

(1)统计识别方法

统计识别的基本思想是将特征提取阶段得到的特征向量定义在一个特征空间,这个空间包含了所有的特征向量。不同的特征向量,或者说不同的类别对象都对应于此空间的一点。在分类阶段,利用统计决定的原理对特征空间进行划分,从而达到识别不同特征对象的目的。支持向量机 SVM (Support Vector Machine, SVM)就是近些年最常用的统计方法。支持向量机的基本思路可以概括为:首先通过非线性变换将输入空间变换到一个高维空间,然后在这个新空间中求取最优线性分类面,而这种非线性变换是通过定义适当的内积函数实现的。SVM 是从线性可分情况下的最优分类面发展而来的,以经验风险最小化 SRM (Structural Risk Minimization, SRM)原理为理论依据,是一种能在训练样本数很小的情况下达到很好分类推广能力的学习算法,它能做到与数据的维数无关。SVM 在解决小样本、非线性及高维模式识别问题中表现出了许多特有的优势,并能够推广应用到函数拟合等其他机器学习问题中。

(2)模糊识别方法

模糊识别方法一般有两类:

①模糊化特征法。根据一定的模糊化规则(通常根据具体应用领域的专门知识,人为地确定或经过试算确定),把原来的一个或者几个特征变量分成多个模糊变量,使每个模糊变量表达原特征的某一局部特征,用这些新的模糊特征代替原来的特征进行识别。

②模糊化结果法。模式识别中的分类就是把样本空间(或者样本集)分成若干子集,可以用模糊子集的概念代替确定子集,从而得到模糊的分类结果,或者说使分类结果模糊化。在模糊化分类结果中,一个样本将不再属于每个确定的类别,而是以不同的程度属于各个类别。

(3) 人工神经网络

人工神经网络是一种全新的图像识别技术,它利用人在以往识别图像时所积累的经验,在被分类图像的信息引导下,通过自身学习,修改自身的结构和识别方式,从而提高图像的分类精度和分类速度,已取得满意的分类结果。不同领域选用的人工神经网络模型不尽相同,BP 神经网络是目前广泛应用于图像分类的一种神经网络模型。

BP 神经网络是一种多层结构,由输入层、隐层和输出层组成。层与层之间采用互联方式,同一层的单元之间不存在相互连接,隐层可以有一个或者多个。一个 3 层的 BP 神经网络可以完成任意的 n 维到 m 维的映射。图 4.28 所示为一个含有一个隐层的 3 层 BP 神经网络拓扑结构。

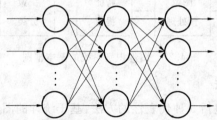

图 4.28　含有一个隐层的 3 层 BP 神经网络拓扑结构图

利用 BP 神经网络进行图像识别的过程可分为训练阶段和识别阶段。训练阶段主要是将训练样本输入网络,通过有指导或无指导学习方式寻找一个合适的神经网络权值,确定适当的网络连接模式。识别阶段就是利用训练好的网络进行分类,最终的识别结果就是对神经网络的输出作出判断。

四、实验程序及结果

实验程序如下:

```
function [d]=lpcseg(jpg)            %创建函数
I=imread('car.jpg');                %读取图像
I1=rgb2gray(I);                     %将 RGB 彩色图像转化成灰度图
I2=edge(I1,'robert',0.15,'both');   %使用 robert 算子对图像 I1 进行边缘检测
se=[1;1;1];                         %结构元素对象
I3=imerode(I2,se);                  %对待处理图像 I2 进行图像腐蚀
se=strel('rectangle',[25,25]);      %创建 25×25 的矩形 se
I4=imclose(I3,se);                  %对图像 I3 进行形态学闭运算
I5=bwareaopen(I4,2000);             %删除二值图像 I4 中面积小于 2000 的对
                                     象,默认情况下使用 8 邻域
[y,x,z]=size(I5);
myI=double(I5);                     %I5 强制数据类型转换为 double 型
tic;                                %tic,toc 合在一起计算程序运行时间
  white_y=zeros(y,1);
  for i=1:y
    for j=1:x
```

```
            if(myI(i,j,1)==1)
                white_y(i,1)= white_y(i,1)+1;
            end
        end
end
[temp maxY]=max(white_y);
PY1=maxY;
while ((white_y(PY1,1)>=5)&&(PY1>1))
        PY1=PY1-1;
end
PY2=maxY;
while ((white_y(PY2,1)>=5)&&(PY2<y))
        PY2=PY2+1;
end
IY=I(PY1:PY2,:,:);
white_x=zeros(1,x);
for j=1:x
    for i=PY1:PY2
            if(myI(i,j,1)==1)
                white_x(1,j)= white_x(1,j)+1;
            end
        end
end
PX1=1;
while ((white_x(1,PX1)<3)&&(PX1<x))
        PX1=PX1+1;
end
PX2=x;
while ((white_x(1,PX2)<3)&&(PX2>PX1))
        PX2=PX2-1;
end
PX1=PX1-1;
PX2=PX2+1;
    dw=I(PY1:PY2-8,PX1:PX2,:);
t=toc;
figure(1),subplot(3,2,1),imshow(dw),title('定位剪切后的彩色车牌图像')
imwrite(dw,'dw.jpg');
[filename,filepath]=uigetfile('dw.jpg','输入一个定位裁剪后的车牌图像');
%调入电脑中的 dw.jpg
```

```
jpg=strcat(filepath,filename);        %连接 filepath 与 filename 的字符到 jpg 图像
a=imread(jpg);                         %读取图像
b=rgb2gray(a);                         %将彩色图像 a 转换为灰度图像
imwrite(b,'2.车牌灰度图像.jpg');        %保存图像 2.车牌灰度图像.jpg
figure(1);subplot(3,2,2),imshow(b),title('2.车牌灰度图像')
g_max=double(max(max(b)));
g_min=double(min(min(b)));
T=round(g_max-(g_max-g_min)/3);        %T 为二值化的阈值
[m,n]=size(b);
d=(double(b)>=T);                      %d:二值化图像
imwrite(d,'3.车牌二值图像.jpg');
figure(1);subplot(3,2,3),imshow(d),title('3.车牌二值图像')
figure(2);imshow(I);title('原始图像');
```

实验结果如图 4.29 和图 4.30 所示。

图 4.29 原始图像

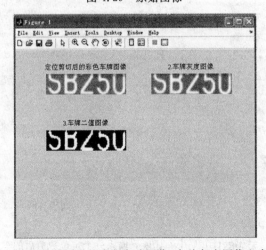

图 4.30 分别为定位剪切后的彩色车牌图像、车牌灰度图像和车牌二值图像

五、思考题

1. 图像识别中,如何消除光照的影响?
2. 怎样使用 BP 神经网络对图像进行识别?

参考文献

[1] 于美文. 光学全息及信息处理[M]. 北京:国防工业出版社,1984.
[2] 王绿苹. 光全息和信息处理实验[M]. 重庆:重庆大学出版社,1991.
[3] 游明俊. 信息光学基础实验[M]. 北京:兵器工业出版社,1992.
[4] 陶世荃. 光全息存储[M]. 北京:北京工业大学出版社,1998.
[5] 苏显渝,李继陶. 信息光学[M]. 北京:科学出版社,1999.
[6] 吕乃光. 傅里叶光学[M]. 北京:机械工业出版社,2006.
[7] 孙绪保. 光学实验与仿真[M]. 北京:北京理工大学出版社,2009.
[8] 张得丰. Matlab 数字图像处理[M]. 北京:机械工业出版社,2009.